3～6岁儿童动作技能发展研究

基于体操类动作视角

于建成 著

人民体育出版社

图书在版编目（CIP）数据

3～6岁儿童动作技能发展研究：基于体操类动作视角/于建成著.-- 北京：人民体育出版社，2024
ISBN 978-7-5009-6424-7

Ⅰ.①3… Ⅱ.①于… Ⅲ.①体育课－学前教育－教学参考资料 Ⅳ.①G613.7

中国国家版本馆CIP数据核字（2024）第025624号

*

人民体育出版社出版发行
北京中献拓方科技发展有限公司印刷
新 华 书 店 经 销

*

710×1000 16开本 14印张 260千字
2024年9月第1版 2024年9月第1次印刷

*

ISBN 978-7-5009-6424-7
定价：69.00元

___

社址：北京市东城区体育馆路8号（天坛公园东门）
电话：67151482（发行部） 邮编：100061
传真：67151483 邮购：67118491
网址：www.psphpress.com

（购买本社图书，如遇有缺损页可与邮购部联系）

前 言
FOREWORD

儿童动作技能发展是我国基础教育的重要组成部分，是提高全民素质的奠基工程，它在培养青少年儿童体育锻炼意识、技能与习惯的过程中起着举足轻重的作用。3～6岁儿童基本活动能力中，走、跑、跳、攀登、爬钻、翻滚等基本能力，与体操类动作中移动类、跳跃类、悬垂类、攀爬类、翻滚类、钻越类、抛接类、平衡类、支撑类、旋转类等十种技术动作内容关联度高，关系密切。基本动作技能是身体活动能力和运动技术水平提高的基础，被看作是学习和发展运动技能的基石。

运用文献资料法、调查法、教学实验法、数理统计法等研究方法，针对3～6岁儿童动作技能发展情况，以体操类动作内容为切入点，建立3～6岁儿童动作技能发展的体操教学模型，构建不同年龄层次儿童动作技能发展内容指标体系，凝练出具有项目属性的儿童动作技能发展的教学方案。在理论上丰富了儿童动作技能研究领域的内容体系；在实践上有助于促进《国家中长期教育改革和发展规划纲要（2010—2020年）》《3～6岁儿童学习与发展指南》等相关政策文件的落实与实施。

首先，厘清3～6岁儿童不同动作技能发展的敏感期，探讨运动项目、动作技能与儿童体育教学的关系；建立基于体操类技术动作的儿童动作技能发展的教学模型，构建儿童动作技能发展教学内容体系；依据构建的内容体系，以体操类技术动作为切入点，设计不同年龄阶段儿童动作技能发展的教学方案，使儿童动作技能的发展更具有效性和针对性；解决动作技能发展在幼儿体育教学中的盲目性，根据筛选的体操类技术动作内容，设计相应的动作技能发展教学方案，推动儿童体育教学在促进儿童动作技能发展中的运用，为儿童的全面发展服务。通过实证研究，发现体操类动作的干预能够促使儿童动作技能获得最优化的发展，证明体操类动作对儿童动作技能发展具有促进作用，研究的顺利完成对推动学前教学改革具有积极的影响，研究中体操教学模式建立和体操类技术动作内容体系构建为学前教学改革提供了思路和素材，实证部分为学前教学改革提供了参考路径。

儿童动作技能发展对提高国民体质的健康水平具有至关重要的作用。本研究仅仅是在前人研究基础上对部分问题进行的探究性研究，旨在抛砖引玉，让更多的专家、学者关注儿童青少年动作技能相关问题。鉴于作者水平有限，书中难免存在不足，恳请各位读者批评雅正。

于建成

2024 年 3 月

目 录

第一章 导 论 ... 1

第一节 选题依据 ... 1
一、问题的提出 ... 1
二、研究意义 ... 4
三、研究创新之处 ... 5
四、研究假设 ... 5
五、研究的主要任务与内容 ... 5

第二节 文献综述 ... 6
一、关于动作技能的研究评述 ... 6
二、关于儿童体育运动的研究综述 ... 12
三、关于体操项目技术动作分类研究的评述 ... 21
四、总结 ... 22

第三节 研究对象、研究方法与技术路线 ... 23
一、研究对象 ... 23
二、研究方法 ... 23
三、技术路线 ... 26

第四节 本研究的理论基础 ... 27
一、运动技能形成理论 ... 27
二、动作控制理论 ... 28

三、运动技能的迁移理论 ……………………………………………… 29

第二章 儿童动作技能发展的理论探讨 …………………………………… 31
第一节 儿童动作技能发展相关概念与内涵 ……………………………… 31
一、动作技能概念与内涵 …………………………………………… 31
二、运动技能概念与内涵 …………………………………………… 38
三、体操类项目相关概念与内涵 …………………………………… 40
第二节 儿童动作技能发展的特征 ………………………………………… 41
一、儿童动作技能发展序列 ………………………………………… 41
二、儿童动作技能发展的敏感期 …………………………………… 43
第三节 基于体操类动作儿童动作技能内容的分类与生物学特征 ……… 45
一、基于体操类动作儿童动作技能内容的分类 …………………… 45
二、不同类型动作技能的生物学特征 ……………………………… 46

第三章 儿童动作技能发展体操教学模型的建立 ………………………… 59
第一节 儿童动作技能发展教学模型 ……………………………………… 59
第二节 通过改变变量验证对教学效果的影响 …………………………… 61
一、通过增大 Cm 值来提高教学效果（E） …………………… 61
二、通过增大 Sm 值来提高教学效果（E） …………………… 62
三、通过增大 Tm 值来提高教学效果（E） …………………… 62

第四章 基于体操类技术动作的3～6岁儿童动作技能发展内容体系的构建 ……………………………………………………………………… 64
第一节 构建3～6岁儿童动作技能发展内容体系须遵循的原则 ………… 64
一、科学性原则 ……………………………………………………… 64
二、全面性原则 ……………………………………………………… 65
三、目的性原则 ……………………………………………………… 66
四、客观性原则 ……………………………………………………… 66
五、可行性原则 ……………………………………………………… 67
六、趣味性原则 ……………………………………………………… 67

目录

第二节　指标的筛选与确定 ·· 67
　一、指标筛选与确定的方法 ·· 67
　二、内容体系指标的筛选 ·· 69
　三、内容体系的构建 ·· 70
　四、内容体系指标权重的确定 ·· 85

第五章　儿童动作技能发展教学方案设计与实验 ············· 106
第一节　儿童动作技能发展教学方案设计理论探讨 ············ 107
　一、动作技能的选择依据 ·· 107
　二、教学方案设计指导思想 ·· 107
第二节　平衡类动作技能发展教学方案设计与实验 ············ 108
　一、教学方案设计 ·· 108
　二、教学实验实施 ·· 111
　三、数据分析与讨论 ·· 121
第三节　滚翻类动作技能发展教学方案设计与实验 ············ 128
　一、教学方案设计 ·· 128
　二、教学实验实施 ·· 132
　三、数据分析与讨论 ·· 139

第六章　结论、研究局限性与展望 ································· 145
　一、结论 ·· 145
　二、研究的局限性 ·· 146
　三、研究展望 ·· 146

参考文献 ··· 147

附　录 ··· 149
　附录一　基于体操类动作3～6岁儿童动作技能发展内容体系指标筛选的专家调查问卷（第一轮） ················· 149

附录二　基于体操类动作3～6岁儿童动作技能发展内容体系构建专家问卷
　　　　（第二轮） ······ 154

附录三　基于体操类动作3～6岁儿童动作技能发展内容体系构建重要性
　　　　判别表（第三轮） ······ 161

附录四　家长知情书 ······ 174

附录五　5～6岁儿童平衡类、滚翻类动作教案 ······ 175

后　记 ······ 215

第一章 导 论

本章提出了整体研究的设计框架、研究意义及具体的研究思路，确定了研究视角、研究的主要内容和任务，以及研究对象与方法。根据研究主题，进行了文献综述的撰写。围绕"3～6岁儿童动作技能发展"和"体操类动作"两个关键环节，在内容上，按宏观到微观的思路进行探究，即内容由导论—理论探讨—内容体系建构—实证研究—后论构成；在方法上，遵循"定性—定量—定性"的基本研究思路，并使之贯穿于研究总体设计中；在形式上，严格遵循从提出问题到解决问题的研究逻辑，从整体上考虑问题，有选择地展开讨论。各部分既独立，又相互联系，从而构成了一个较为完整的研究体系。

第一节 选题依据

一、问题的提出

《中国儿童发展纲要（2021—2030年）》明确指出：促进儿童健康成长，能够为国家可持续发展提供宝贵资源和不竭动力，是建设社会主义现代化强国、实现中华民族伟大复兴中国梦的必然要求。

众所周知，人生而运动，或者是为运动而生，事实也正是如此体现的。十年前，我们习惯于走路、跑步，习惯于抬、搬、推、拉，习惯于跳舞、跳跃、攀爬等常规的活动方式，但随着现代科技的发展，一切都在悄然地发生着变化，无论是成年人还是少年儿童的身体活动水平都明显下降[1]。最近的一项调查研究显示

---

[1] 王效全，陈和新，马汉均，等. 学龄前儿童粗大动作发育调查及影响因素分析[J]. 中国儿童保健杂志，2015，23（2）：188-191.

世界各国身体活动水平的下降幅度[1]，调查结果触目惊心，过去的44年间，美国人的身体活动水平下降了32%，英国人的身体活动水平下降了20%，中国人的身体活动水平正在经历比任何国家都要严重的下降速度，身体活动水平仅18年的时间就下降了45%。目前缺乏运动的儿童未来更有可能成长为缺乏身体活动的成年人[2]。

儿童动作技能发展是我国基础教育的重要组成部分，是提高全民素质的奠基工程[3]，它在培养青少年儿童体育锻炼意识、技能与习惯的过程中起着举足轻重的作用。运动是促进儿童体质健康的重要手段，儿童基本动作技能的发展水平决定了其身体健康水平和运动能力的高低，直接影响我国国民身体素质的提升和竞技体育后备人才的培养质量[4]。动作技能发展的水平与人的身体、智力、行为以及健康发展有着十分密切的关系，动作发展研究作为一个独立的领域已经越来越被人们所接受，其对于个体的价值越来越重要[5]。意识到运动对儿童动作技能发展的重要性后，国家对学前教育给予空前的重视。自2010年起，相继出台了《国家中长期教育改革和发展规划纲要（2010—2020年）》（2010）、《3~6岁儿童学习与发展指南》（2012）和《"健康中国2030"计划纲要》（2016）等政策文件，对儿童动作技能的发展进行了专门的规定，如《3~6岁儿童学习与发展指南》中提到了儿童动作发展的目标，并给予教育建议；《"健康中国2030"计划纲要》中提到加强儿童早期动作发展等，这引起研究者对儿童动作技能发展的广泛关注，使其逐渐成为研究的热点。[6]

幼儿期大肌肉动作发展主要包括非位移性动作行为、位移性动作行为和操作性动作行为，是基本动作技能的重要组成部分[7]，其中非位移性动作行为主要指静态平衡和旋转等；位移性动作行为主要指身体在空间内的移动，包括动态平衡、跑、跳跃、跨步、滑步等；操作性动作行为主要指操作或控制诸如棒、球等

---

[1] Ketcheson L, Hauck J L, Ulrich D. The levels of physical activity and motor skills in young children with and without autism spectrum disorder, aged 2-5 years [J]. Autism the international Journal of Research & Practice, 2017 (10): 1-10.

[2] 宁科, 沈信生, 邵晓军. 学前儿童大肌肉动作发展水平年龄和性别特征研究 [J]. 中国儿童保健杂志, 2016, 24 (12): 1322-1325.

[3] 全胜. 我国人类动作发展的研究进展与趋势 [J]. 赤峰学院学报, 2012, 28 (1): 167-168.

[4] 曲鲁平. 我国青少年体质健康促进模型构建与运动干预研究 [M]. 北京：人民体育出版社, 2021.

[5] 吴升扣, 姜桂萍. 儿童早期动作发展测量的研究进展 [J]. 北京体育大学学报, 2014, 37 (4): 81-84.

[6] 曲鲁平, 孙伟, 杨凤英, 等. 体教融合视域下体育传统特色学校协同联动组织机制的构建 [J]. 武汉体育学院学报, 2021, 55 (10): 63-69, 85.

[7] Greg Payne, 耿培新, 梁立立. 人类动作发展概述 [M]. 北京：人民教育出版社, 2008.

物体的动作技能,具体包括了投掷、接球、踢球、挥击、滚球和拍球等一系列动作技能。从发展的规律来看,3~6岁即学龄前期是动作技能发展的高峰期与敏感期,也被称为动作技能发展的"开窗期""敏感期"或"临界期"[1],很多基本动作技能的掌握在7岁之前就已经基本完成。从以往研究中能够发现,大多数学者认为孩子的粗大动作模式在7岁之前变化最大[2]。

正确发展儿童的动作技能是最大限度发挥潜在的竞技运动能力和形成未来终身体育锻炼的基础,3~6岁时期是儿童形成和发展各种基本动作技能的关键期。人类动作技能的发展影响着情绪、智力和社会能力等,当然也影响身体本身,所有这些领域的发展也影响人类动作技能的发展,在发展过程中彼此是相互影响、相互促进的。0~6岁儿童在生长发育过程中表现出运动分析器的快速发育和完善,1岁的儿童可以掌握走的动作,2岁的儿童已经掌握了跑步的基本动作,出现了跳跃的准备动作,3岁的儿童已经能够跳跃前进,并掌握几乎全部的基本动作[3],3~6岁儿童的动作技能在获得的基础上将得到进一步的发展与完善。只要进行适宜的动作技能发展练习,3~6岁儿童的动作技能就会获得积极的发展,基本运动能力发展水平就会有所提高。

对于年龄不足7岁的儿童来说,体育就意味着智育。让7岁以前的儿童进行文化学习和艺术培养,仅仅能使儿童大脑局部得到一定程度的锻炼,7岁以前,特别是3~6岁,最应该做的是让儿童全面发展,让儿童的各个方面得到整体的发展,尤其促进大脑的发展,有研究已经证明体育能够促进大脑的发展[4]。对于7岁以前的儿童,能进行哪种体育项目的运动呢?通过梳理以往的研究可以发现,7岁以前的儿童最适合进行的体育项目是体操,并且是玩体操[5]。研究发现,体操项目技术动作与人体动作技能发展关系最为密切,人类生存所必需的动作技能中体操项目所占的比重最大,体操项目技术动作是与人类自然生长活动最相近的体育项目[6]。儿童的基本身体活动能力中,走、跑、跳、攀登、爬钻、翻滚等

---

[1] 宁科,沈信生,邵晓军. 3~6岁幼儿移动性动作发展与感知身体能力关系的实证研究[J]. 北京体育大学学报, 2012, 39 (12): 74-81.
[2] 耿达,张兴利,施建农. 儿童早期精细动作技能与认知发展的关系[J]. 心理科学研究, 2015, 23 (2): 261-267.
[3] 齐默尔. 幼儿运动教育手册[M]. 杨沫,易丽丽,译. 南京:南京师范大学出版社, 2008.
[4] Greg Payne,耿培新,梁国立. 人类动作发展概述[M]. 北京:人民教育出版社, 2008.
[5] 彭召方,刘鸿优,李佐惠. 快乐体操发展解读[J]. 体育文化导刊, 2017 (4): 156-160.
[6] 魏曙光. 论体操的分类及其内容[J]. 吉林体育学院学报, 2013, 29 (1): 83-87.

基本能力，与体操项目中移动类、跳跃类、悬垂类、攀爬类、翻滚类、钻越类、抛接类、平衡类、支撑类、旋转类等十种技术动作内容关系密切，关联度高。

研究过程中，如何选择有针对性的运动项目对儿童动作技能发展进行干预；针对选定的运动项目，如何选择合理有效的技术动作内容对儿童动作技能发展进行干预；如何对儿童动作技能发展的敏感期进行梳理；如何建立儿童动作技能发展的教学模型；如何构建运动项目属性的动作技能发展内容指标体系等问题；如何设计干预儿童动作技能发展的教学方案，并落实到具体的教学实践中进行教学实验，对观测指标的实验结果进行前后对比，验证教学方案的有效性。

动作技能学习是身体活动能力和运动水平提高的基础，也被看作是学习和发展高难运动技能的基石[①]。鉴于此，本研究确定了儿童动作技能发展这一研究主题，以体操项目技术动作内容为切入点，建立3~6岁儿童动作技能发展的教学模型，构建3~6岁儿童动作技能内容体系，凝练出促进儿童动作技能发展的教学方案，落实到具体的教学实践中，用于促进儿童动作技能的发展。

二、研究意义

第一，本研究基于体操类技术动作对3~6岁儿童动作技能发展的理论探讨和实证分析，在理论上，丰富了儿童动作技能研究领域的内容体系；在实践上，有利于促进《国家中长期教育改革与发展规划纲要》《3~6岁儿童学习与发展指南》等相关政策文件的落实与实施。

第二，本研究运用体操类技术动作干预儿童动作技能的发展，探讨运动项目对动作技能发展的促进效果，将设计的体操类技术动作的教学方案应用于教学实践，促进儿童动作技能的发展，达到了理论与实践相结合的目的。

第三，本研究构建项目属性的儿童动作技能发展内容体系和设计教学方案的方法和路径，为3~6岁儿童动作技能的发展提供教学素材，为幼儿园体育活动教学方案的设计提供参考和借鉴。

第四，研究成果可直接用于3~6岁儿童动作技能发展的实践，为幼儿园动作技能教学提供参考和指导，切实提高3~6岁儿童动作技能发展的整体水平，彰显研究成果的实践应用价值。

[①]王占春，陈柯琦. 幼儿园体育活动的理论与方法 [M]. 北京：人民教育出版社，2011.

三、研究创新之处

第一，研究视角新。以体操类技术动作为视角构建3～6岁儿童动作技能发展教学模型和内容体系，将儿童动作技能发展与体操类技术动作相结合，与教学实践相联系。

第二，研究内容新。通过文本研究，梳理3～6岁儿童动作技能自然发展的规律和体操类技术动作内容，构建基于体操类技术动作的3～6岁儿童动作技能发展的内容体系，丰富动作技能研究的理论体系。

第三，研究范式新。遵循理论—实践—理论的研究范式，通过理论构建以项目属性为特征的动作技能内容体系，针对体操技术动作特征设计具有针对性的教学方案，将运动项目还原成教学实践指导方案，解决理论构建与教学实践有效衔接不足的问题。

四、研究假设

假设一：3～6岁儿童基本运动能力发展过程中，体操类技术动作可以干预儿童动作技能发展，从而能够促进其动作技能的发展。

假设二：通过理论梳理，凝练出影响3～6岁儿童动作技能发展的变量要素，建立儿童动作技能发展体操教学模型，阐明儿童动作技能发展变量要素的关系。

假设三：3～6岁儿童动作技能发展不是完全呈线性的，具有一定的阶段性特征，设计体操项目技术动作要素教学方案，对3～6岁儿童进行阶段性和系统性的干预，促进其动作技能发展。

五、研究的主要任务与内容

（一）研究的主要任务

第一，对儿童基本动作能力和体操类技术动作进行梳理，提出适合儿童动作技能发展的体操类技术动作内容的分类体系[①]，建立项目属性的儿童动作技能发展教学模型。

---

①庄弼，任绮，李孟宁，等．幼儿体育活动及其内容体系的思考［J］．体育学刊，2015，22（6）：64-67．

第二，在文献资料梳理的基础上，运用专家访谈法、问卷调查法、特尔菲法等研究方法，筛选指标，构建基于体操类技术动作的3～6岁儿童动作技能发展内容体系。

第三，将构建的项目属性内容体系，根据教学设计原理设计多个有针对性的教学方案，用于促进儿童动作技能的发展，对评价动作技能发展的观测指标进行前后比较，验证教学方案的有效性。

第四，本研究遵循了从理论到实践再到理论的研究思路，将理论研究与实践应用紧密结合起来，同时通过理论研究检验实践应用的效果，提高研究的应用价值。

（二）研究的主要内容

第一，动作技能发展及相关概念的理论探讨，结合3～6岁儿童、运动技能、动作技能、技术动作等相关概念和内涵，阐释3～6岁儿童动作技能发展的内涵与特征。

第二，在对儿童动作技能及体操类技术动作理论分析的基础上，从儿童动作技能发展的视角出发，围绕动作技能发展的内容和组织，建立3～6岁儿童动作技能发展的体操教学模型。

第三，采用特尔菲法和层次分析法，遵循构建内容体系的原则，经过多轮次的筛选和汇总，构建基于体操类技术动作的3～6岁儿童动作技能发展的内容体系。

第四，根据筛选的体操类技术动作以及预实验测试儿童完成的情况，结合季节、气候、幼儿园场地设施、研究者完成论文的时间要求等实际情况，选择5～6岁儿童作为实验对象，设计促进儿童动作技能发展的平衡类和滚翻类动作技能教学方案。

第五，将设计的教学方案在儿童动作技能发展教学中实施，进行为期6周的教学实验，通过评价动作技能观测指标的变化，验证教学方案的有效性。

第二节　文献综述

一、关于动作技能的研究评述

动作技能指通过练习巩固下来的、自动化的、完善的动作活动方式。动作技能的类别一般有以下两种分类：一是以动作是否连贯而分为连贯动作技能与不连贯动作技能；二是以动作技能进行过程中情境是否变化而分为封闭的动作技能和开放的动作技能。

动作技能学习是一门学术性学科，它寻求理解人类怎样学习动作技能、有特定目的的动作以及如何促进动作发展。运动技能是动作发展的延续，是所有人都经历的一个过程。从一个学科出发，动作发展的定义是人们一生中所体验到的动作行为的变化，即所有人都经历的一个过程[1]。

（一）动作技能概念的研究综述

吴旭东在《试析运动技能概念的本质属性及其学习含义》中，运用文本和逻辑分析的方法，对运动技能概念的本质属性及其课程含义进行分析与探讨，指出能力性质是运动技能的固有属性；运动技能是动作技能的一种，专指在体育运动特定条件下按照一定的技术要求，通过练习而形成的完成某种技术动作的能力[2]。

（二）动作技能理论的研究综述

李静等在《大肌肉群发展测试（TGMD-2）研究》中，详细介绍人类动作发展的基础上引入美国的大肌肉动作发展测试（简称 TGMD-2）对儿童的动作发展进行测评，从而弥补现有体育教学评价手段的不足[3]。

周兴生等在《构建3～6岁儿童动作教育中核心动作经验内容体系的研究》中，运用教学实验等研究方法，以动作技能教育目标为依据，结合幼儿身心发育特征、动作技能形成理论和动作教育中核心动作经验理论，构建出3～6岁儿童教育中核心动作内容体系，并通过教学实验进行验证，试图为幼儿早期的动作技能教育和幼儿课程体系的设置提供参考[4]。

董如豹在《加拿大5岁以下儿童身体活动指南及启示》一文中，运用文献资料法和内容分析法对加拿大婴幼儿身体活动建议的相关内容进行分析。研究发

---

[1] Greg Payne，耿培新，梁国立. 人类动作发展概述 [M]. 北京：人民教育出版社，2008.
[2] 吴旭东. 试析运动技能概念的本质属性及其学习含义 [J]. 山西师大体育学院学报，2006，21（1）：4-7.
[3] 李静，梁国力. 大肌肉群发展测试（TGMD-2）研究 [J]. 中国体育科技，2005，41（2）：105-107，114.
[4] 周兴生，周毅，刘亚举. 构建3～6岁儿童动作教育中核心动作经验内容体系的研究 [J]. 广州体育学院学报，2016，36（3）：113-116.

现,《3～6岁儿童学习与发展指南》的建议以婴幼儿身心和动作发展规律为依据,有助于婴幼儿动作和认知能力等的发展。由此得出以下结论:要制定出科学的婴幼儿身体活动指南,必须按照婴幼儿身心、特别是动作发展规律,广泛借鉴国内外相关研究成果和经验;认为我国应该借鉴国外身体活动开展较好国家的经验和方法;结合我国实际,尽快制定适合我国婴幼儿身体活动相关建议和教育宣传手册;在幼儿园等婴幼儿教育机构配备体育专业师资等[1]。

陈华伟等在《英国、新西兰对5岁以下儿童身体活动的建议及其启示》一文中,运用文本研究的方法对英国和新西兰两个国家5岁以下儿童身体活动的建议进行对比研究,认为两国对5岁以下儿童身体活动均是按照婴幼儿身体生长发育规律和动作发展规律进行安排,并且强调成年人的引导互动,婴幼儿身体活动的环境安全及与年龄相适应的身体活动方式、方法和强度。研究发现,新西兰较英国对该年龄段进行了仔细划分,提出的建议更具体和有针对性[2]。

杨铁冰等在《论0～3岁儿童智力发展中的动作训练》一文中,提出根据0～3岁儿童动作发展的特点,可采取适当的方法对其动作的大运动方面及精细运动方面进行有目的的针对性训练,并在此过程中遵循必要的原则,以促进其毕生能力良好发展[3]。

耿达等在《儿童早期精细动作技能与认知发展的关系》中,研究发现精细动作技能指个体主要凭借手以及手指等部位的小肌肉或小肌肉群而产生的运动,它可以为个体提供认知经验,丰富认知对象,进而促进个体对事物本质的认识。当个体需要将认知资源、注意力在两个或多个任务之间进行分配时,熟练的精细动作可以节省注意力资源,更好地服务高级的认知任务;精细动作与认知在发展中不断相互促进,有些动作是某些认知习得或认知练习的先决条件;精细动作技能可以用来预测小学低年级的学业成绩,尤其是阅读和数学成绩。精细动作技能和认知发展的关系具有大脑神经发育基础,它们在某种程度上共享相同的脑区,如小脑和前额叶。因此,某些认知损伤的病症可以通过精细动作的训练而得到改

---

[1] 董如豹.加拿大5岁以下儿童身体活动指南及启示[J].体育科学研究,2015,19(3):25-30.
[2] 陈华伟,董如豹,陈金华.英国、新西兰对5岁以下儿童身体活动的建议及其启示[J].体育文化导刊,2014(10):64-67.
[3] 杨铁冰,鲁峰.论0～3岁儿童智力发展中的动作训练[J].淮北煤师院学报(社会科学版),2001,22(6):110-111.

善和治疗①。

Kevin M. Roessger 试图整合跨学科的观点，以提高对成人运动学习的理解。通过研究发现 4 个潜在的结合点：①关于代表性运动学习模式与反思实践；②建模方法对体验框架的适用性；③实践的可变性以及类比学习在体验式学习中的"做"和"行动"的关系；④嵌入式运动学习方法在定位环境中的作用。研究教学方法如何影响建模方法的有效性以及在一定的学习环境中如何自然地使用运动学习方法②。

Heidrun Stoeger 等调查了德国 53 名四年级的小学生，15 名技能获得不成功者，38 名技能成功获得者，两者在精细技能控制和持续水平方面是不同的，在统计学意义下精细动作技能被控制时，差异归因于持续性下降③。

Weikart 同样也提到在学龄前期儿童所需要的动作技能较多，其中主要包括投球、踢球、接球等动作技能，简单的走路、跑步、滑步、单双脚跳跃等动作技能，因此具备良好的基础动作技能有助于儿童在小学、初中、高中以及成人阶段能更好地发展复杂的运动技能④。

另外台湾教育部门曾在 2013 年提出 3~7 岁的学龄前儿童非常渴望与热衷学习一系列基础的动作技能，不畏惧受伤同时也不害怕失败，因此强调 3~7 岁是学龄前儿童熟练掌握基础动作技能和未来更好发展各种运动技能的关键期，7 岁以后是儿童学习和掌握高技巧动作的时期。

（三）动作技能实验的研究综述

Hope E. Wilson 用两年的时间观察 34 名 36~71 个月大儿童的动作行为，其生活中的游戏被编码为认知和社交游戏两类，结果显示：素质高的 19 个儿童比其他 15 个儿童在认知方面的功能、戏剧性、独立游戏行为方面花费更多的时间，同样也花费更多的时间在以文学为主和以艺术为主的游戏行为中，结果表明，在

---

① 耿达，张兴利，施建农. 儿童早期精细动作技能与认知发展的关系 [J]. 心理科学研究，2015，23（2）：261-267.
② Kevin M. Toward an interdisciplinary perspective: A review of adult learning frameworks and theoretical models of motor learning [J]. Adult Education Quarterly, 2012, 62 (4): 371–392.
③ Stoeger H, Ziegler A. Deficits in fine motor skills and their influence on persistence among gifted elementary school pupils [J]. Gifted Education International, 2013, 29 (1): 28-42.
④ Weikart P S. Round the circle: Key experiences in movement for young children [R]. Michigan: High/Scope Education Research Foundation, 2000.

这个研究中，素质高的孩子更有可能成为独立于同行的中心[1]。

夏忠梁在《儿童动作技能学习中背景干扰效应的研究》中，针对国外关于"背景干扰效应"相关研究成果的不足，分别选取乒乓球发球技能和篮球传球技能作为实验操作任务进行两个现场应用研究，从操作任务性质（动作任务程序相同与否）和个体角度（年龄和技能熟练程度）探讨不同练习组织方式对儿童动作技能学习影响的变化规律，并进一步验证动作技能学习中的"背景干扰效应"假说[2]。

吴升扣等在《动作发展视角的韵律性身体活动促进幼儿粗大动作发展水平的实证研究》中，采用教学实验法，将289名受试对象以班级为单位，随机分为实验组与对照组，将幼儿阶段应掌握的基本动作技能融入活动中，比较动作发展视角的韵律性身体活动与一般性的韵律性身体活动产生效果的差异，为促进幼儿动作发展进行实证探索[3]。

李静等在《3~10岁儿童基本动作技能发展比较研究》一文中，运用美国大肌肉动作发展测试第二版（TGMD-2）对我国山东省济南市随机抽取的1046名3~10岁的儿童（平均6.6±2.07岁）进行测试，将结果与美国常模进行对比，同时结合香港和巴西儿童基本动作技能发展情况进行比较研究。研究结果显示：济南市3~10岁儿童的移动和控制物体能力随着年龄的增长逐步提高，且移动能力的发展要好于物体控制能力的发展；位移动作中，跑、立定跳远、侧滑步和跨跳的表现较好，而单脚跳表现相对较差；物体控制动作中，踢球动作表现较好，原地拍球和上手投球的表现较差；位移动作技能发展整体上要好于美国儿童，只是达到优秀水平的儿童较少；物体控制动作发展水平达到优秀的极少，大部分处于平均及以下的水平[4]。

王效全等在《学龄前儿童粗大动作发育调查及影响因素分析》一文中，在了解学龄前儿童粗大动作发育现状，分析粗大动作发展发育的影响因素的基础上，运用分层随机整群抽样方法抽取市区、农村各2所幼儿园425名学龄前儿童，采用盖泽尔（Gesell）发育诊断量表进行粗大动作发育商的测查，同时应用

---

[1] Wilson H E. Patterns of play behaviors and learning center choices between high ability and typical children [J]. Journal of Advanced Academics, 2015, 26 (2): 143-164.
[2] 夏忠梁. 儿童动作技能学习中背景干扰效应的研究 [J]. 体育科学, 2014, 34 (10): 40-54.
[3] 吴升扣, 姜桂萍, 李曙刚, 等. 动作发展视角的韵律性身体活动促进幼儿粗大动作发展水平的实证研究 [J]. 北京体育大学学报, 2015, 38 (11): 98-105.
[4] 李静, 刁玉翠. 3~10岁儿童基本动作技能发展比较研究 [J]. 中国体育科技, 49 (3): 129-132.

自编的学龄前儿童运动和行为调查表进行问卷调查，对数据进行描述性统计分析及 X2 检验。研究发现：425 名学龄前儿童粗大动作发育商平均值为 97.86±7.68，呈正态分布；粗大动作发育商与身体匀称度、每天运动时间、日常照看人、父母是否参与运动以及父母每周运动次数相关，肥胖、照看人非父母、父母不参与儿童运动及父母每周运动次数少于 3 次可降低粗大动作发育商，从而提出有意识地进行多种体育运动训练是促进儿童粗大动作发展的重要手段[1]。

宁科等在《学前儿童大肌肉动作发展水平年龄和性别特征研究》中，采用大肌肉动作发展测量工具（TGMD-3）对 119 名学前儿童大肌肉动作发展进行测量，比较不同年龄组和性别分组大肌肉动作发展水平的差异。研究发现，3、4、5～6 岁三组儿童，大肌肉动作发展测试总分（33.24、43.11、52.09）、操作性技能得分（14.79、19.57、24.94）、移动性技能得分（18.45、23.54、27.15）均随年龄增长不断提高，差异均有高度统计学意义（P<0.01），从而提出学前儿童大肌肉动作发展水平随年龄增长不断提高，其中移动性技能发展较好，操作性技能则较差；同龄组中男童操作性技能优于女童，移动性技能男童亦优于女童[2]。

Swarup Mukherjee 等指出在早期学习期间，基础运动能力（FMS）是最容易成功获得的。这项纵向研究持续两年半，评估新加坡儿童小学体育（PE）开始之前和之后的 FMS 熟练程度。运用 TGMD-2 对 244 名 1～3 年级的儿童进行测评，这些年轻的新加坡儿童未能显示与年龄适当的 FMS 熟练程度，与美国 TGMD-2 美国规范样本相比，他们在 FMS 方面表现出滞后的情况[3]。

（四）动作技能测量的研究综述

动作技能发展越来越受到重视，有关动作技能的研究越来越多，因此对于如何对儿童早期发展进行评估显得非常关键。国外已经就动作技能发展编制出了相当数量的比较科学的测试工具。

Anna Espenschade 首次设计出评定儿童早期动作表现的标准化测验，开启了

---

[1] 王效全，陈和新，马汉均，等. 学龄前儿童粗大动作发育调查及影响因素分析［J］. 中国儿童保健杂志，2015，23（2）：188-191.
[2] 宁科，沈信生，邵晓军. 学前儿童大肌肉动作发展水平年龄和性别特征研究［J］. 中国儿童保健杂志，2016，24（12）：1322-1325.
[3] Mukherjee S, Ting J L C, Leong H F. Fundamental motor skill proficiency of 6-to-9 year-old singaporean children［J］. Perceptual and Motor Skills, 2017, 21（1）：124-143.

动作发展测量的新纪元①。奥地利发育神经学家Prechtl（2001）提出的全身运动质量评价，是一种专门针对新生儿和婴儿的运动评估方法②。加拿大人Martha Piper和Johanna Darrah研究编制了Alberta婴儿运动量表，是针对婴儿粗大动作进行量化评估的工具。美国学者Folio和Fewell研究编制的Peabody运动发育量表（Peabody Developmental Motor Scale，PDMS），已经经过了多次修订改版。美国学者Dale A. Ulrich（1985）研制的粗大动作发展测试（test of gross motor development，TGMD），经过了两次改版，是专门用于评估3～10岁儿童粗大动作发展状况的测量工具③。

中国在动作发展方面的研究起步较晚，针对动作测量工具的研究较少。中国台湾大学曾美惠等将Wilson等人2000年编制的用于筛查DCD的工具翻译成中文引进，南京医科大学金华将其引进大陆并进行了修订，修订后的中文版问卷分为幼儿园和小学两个版本，东北师范大学赵晓杰编制了儿童入学准备运动技能发展量表，香港专家根据中国的文化和日常生活特点编制了专门测试0～6岁儿童精细动作的香港学前儿童精细动作发展测验量表，张厚粲等人根据我国儿童发展的相关资料编制完成了中国3～6岁儿童发育量表。

二、关于儿童体育运动的研究综述

0～6岁是人体基本运动能力发展的关键期，特别是3～6岁是学习的关键期，是基础动作成熟的发展时期，也是学习精通运动技能的先决条件。如果幼儿在这一敏感阶段学习失败，将不利于日后获得更高水平的运动技能，对其发展和社会适应产生负面的影响，因此幼儿在此阶段如果无法接受必要的干预，将会影响其后期的正常发展。

运动技能是运动技术水平与运动能力的有机结合，根源于体育运动自身的性质与特点。基本动作技能是运动技能发展的基础，基本动作技能的掌握可以有效促进儿童完成过渡性动作技能，提高专门的竞技运动能力，基本动作技能也是儿童接触周围世界、学习知识、获得技能的主要手段和途径。

---

①Espenschade A. Science and medicine of exercise and sports [M]. New York: Harper & Row, 1960: 419-439.
②Prechtl H F. General movement assessment as a method of developmental neurology: New paradigms and their consequences [J]. Developmental Medicine & Child Neurolgoy, 2001, 43 (12): 836-842.
③Dale A. Ulrich. Test of Gross Motor Development (Second Edition) Examiner's Manual [M]. Austin: pro-ed Publisher, 2000: 3-4.

第一章 导 论

（一）儿童"体育教学"的研究综述

从教学方面对运动技能进行研究，体现了研究的应用价值，要将理论研究成果应用到教学实践中，研究者从不同的角度深入地开展了一系列的研究。董文梅等在《从体育教学的视角研究运动技能学习过程规律》一文中，运用了假设检验、行家调查等研究方法，以运动技能的分类研究为切入点，探索运动技能学习过程的共性规律和基于"会能度"分类的运动技能学习过程的特殊规律，结果显示：运动技能划分为会与不会有明显区别、中间型和会与不会没有明显区别 3 种类型；基于"会能度"分类的运动技能的学习规律，会与不会有明显区别的运动技能在学习过程中出现"质的"飞跃现象，不同类型运动技能学习阶段有差异性[①]。

张珂等在《大学生运动技能学习能力培养的实证研究》中，通过实验法论证了在高校体育教学课中培养学生学习能力的有效性。一是有利于学生的识记、对动作本质的理解，在学生潜移默化掌握运动技能学法的同时还提高了学生的学习积极性与参与意识；具体教学中学生对运动技能动作本质、动作构成特点及规律的认识明显好于其他学生，在新技能学习、练习一段时间后的技能动作表现上显著好于其他学生，学习速度快，学习效果好，在此模式下学习的学生学习能力得到提高[②]。

梁波在《基于认知负荷理论的教学设计对运动技能两侧性迁移的影响》中，运用教学实验的方法，以学习足球运动中的正脚背内侧踢球为实验任务，探讨不同的教学设计对运动技能两侧性迁移的影响。研究发现，在运动技能学习过程中，采用示范指导型教授方式和增加学习者练习的自我解释有助于促进学生运动技能的学习，并且能促进运动技能的迁移和迁移后绩效的保持[③]。

代刚等在《影响体育专业学生运动技能形成的路径分析》中，从体育教学过程宏观层面上理解运动技能习得过程，试图重构运动技能形成的理论框架，并将影响运动技能形成的各因子转化为可操作性变量，运用 AMOS 数理统计软件，对开放性运动技能形成路径（以排球项目为实例）和混合性运动技能形成路径

[①] 董文梅，毛振明，包莺. 从体育教学的视角研究运动技能学习过程规律 [J]. 体育学刊，2008，15（11）：75-78.
[②] 张珂，符文康，陈慧敏. 大学生运动技能学习能力培养的实证研究 [J]. 北京体育大学学报，2006，29（9）：1245-1247.
[③] 梁波，何敏宇. 基于认知负荷理论的教学设计对运动技能两侧性迁移的影响 [J]. 武汉体育学院学报，2014，48（11）：74-79.

(以背越式跳高为实例）进行分析①。

Eleni Deli 等探讨两个 10 周干预计划对幼儿园儿童基本运动技能表现的影响，将儿童分为三组，实验组 A 按照运动程序，实验组 B 遵循音乐和运动计划，C 组作为对照组自由游戏活动。运用 TGMD 评估儿童实验前后的运动技能，结果表明 A 和 B 组儿童的运动技能较 C 组有非常明显的改善。通过不同类型的运动技能组织实践，可以提高基础幼儿园儿童运动技能的表现②。

刘延春在《体育教学设计的一般理论探析》中，从体育项目着手，从体育教学设计的含义、意义、指导思想及设计程序等方面进行了阐述，给广大体育教学工作者提供了进行体育教学设计的理论参考依据③。

谢幼如等在《教学设计的研究热点与发展趋势》中，运用文本研究的方法，阐述了影响教学设计研究发展的背景，在深入分析教学设计研究现状的基础上，提出当前教学设计研究的热点问题，并指出了教学设计研究的发展趋势④。

马桂霞在《"体育、艺术2+1项目"体育技能类项目的设计》中，运用文献资料法、问卷法、专家调查法和数理统计法，在诸学科先进理论的指导下，对天津市市区学校"体育、艺术2+1项目"进行实证研究，为有效推进"体育、艺术2+1项目"，最大限度地发挥该项目功能，构建"体育、艺术2+1项目"体育技能类项目设计模式，为其相关课程的改革及该项目科学可持续的发展提供依据⑤。

曲鲁平等在《大中小学体育与健康课程中体操项目的教学设计研究》中，采用特尔斐法和层次分析法等研究方法，探讨大中小学体育与健康课程中体操项目教学设计的基本路径，试图为一线体育教师体操教学内容的筛选和编排提供借鉴⑥。

陈小利在《论高校体育教育专业体操课程教学设计的"新设计"》中，采用文献资料法、逻辑分析法等研究方法以"根据体操教学培养目标—选择体操教学内容—组织体操教学"的路线来探究新颖的体操教学设计，为体操教学的创新

---

①代刚，张新贵. 影响体育专业学生运动技能形成的路径分析 [J]. 中国体育科技，2008，44（6）：68-72.
②Deli E, Bakle I, Zachopoulou E. Implementing intervention movement programs for kindergarten children [J]. Journal of early childhood research, 2006, 4（1）：5-18.
③刘延春. 体育教学设计的一般理论探析 [J]. 湖北广播电视大学学报，2013，33（6）：154-155.
④谢幼如，王淑芳，董继燕. 教学设计的研究热点与发展趋势 [J]. 电化教育研究，2011，（2）：16-19.
⑤马桂霞. "体育、艺术2+1项目"体育技能类项目的设计 [J]. 首都体育学院学报，2012，24（1）：37-41.
⑥曲鲁平，王健. 大中小学体育与健康课程中体操类项目的教学设计研究 [J]. 首都体育学院学报，2009，21（3）：322-325.

提供理论基础①。

徐今安在其硕士论文《小学体操模块教学设计与实施策略的研究》中，对模块及其相关概念进行了重新界定，提出了小学体操模块教学与主题单元的关系及其理论基础和原则，提出具有个性特征的整体设计框架体系和设计策略。根据模块课程理念，设计出教学评价体系，通过近一年对实验教材的试用，找出一线教师的感悟与困惑，并对实验教材进行不断的修改，使其尽量符合科学性和实用性②。

杨琼在其硕士论文《新课标背景下高等院校体育教育专业体操课程教学设计现状研究》中，对高等院校体育教育专业体操教学设计现状、新课标教学内容框架、中小学体操教学的需求进行分析研究，归纳分析了中小学体操教学需求、新课标体操内容特点、新课标背景下高等院校体育教育专业体操教学设计的现状和不足，得出高校学生体操基础薄弱、学生学习目标不够明确、体操教学评价不足等结论；提出了坚持"以人为本促进学生发展"的教学设计理念；以《课程纲要》为依据，以《新课标》为参考进行体操教学设计；从学生角度出发，优化教学设计；改革考核办法，注重学生的过程性评价的建议③。

（二）儿童运动技能的相关研究综述

对运动技能理论方面进行的研究，能在一定程度上增加运动技能的深度和广度，提供运动技能的应用范围，其研究成果能够服务体育教学领域、日常生活领域、运动训练领域等多个方面。

董文梅等在《对运动技能进行分类的新视角及"运动技能会能度"的调查》中，运用文献资料、行家调查和逻辑分析等研究方法，对传统的运动技能分类，对体育教学服务的局限性进行了分析，以体育教学过程中运动技能的习得过程为依据，通过对运动技能"会能度"的调查，重新将运动技能划分为"会与不会有明显区别的运动技能""中间型的运动技能"和"会与不会没有明显区别的运动技能"三种，这个分类的思想和视角能够为进一步认识运动技能的学习过程和根据运动特点优选教法奠定新的理论基础④。

---

① 陈小利．论高校体育教育专业体操课程教学设计的"新设计"[J]．体育科技文献通报，2015，23（5）：100-102．
② 徐今安．小学体操模块教学设计与实施策略的研究 [D]．南京：南京师范大学，2008．
③ 杨琼．新课标背景下高等院校体育教育专业体操课程教学设计现状研究 [D]．重庆：西南大学，2014．
④ 董文梅，毛振明．对运动技能进行分类的新视角及"运动技能会能度"的调查 [J]．广州体育学院学报，2006，26（4）：5-8．

吴劲松等在《从运动技能与日常动作技能比较分析的视角解析运动技能难易度》一文中，运用文献资料法、运动录像影片解析法，以运动技能和与之相似的日常生活动作技能为研究对象，解析运动技能的难易度。研究发现：将运动技能和与之相似的日常生活中的动作技能进行运动学比较分析，是解析运动技能难易度的重要方法；运动技能和与之相似的日常生活中动作技能的相似程度并不相同，这种相似度的高低是体现运动技能难易度的因素之一①。

郭有莘在《当前运动技能教育发展展望》一文中，认为运动技能教育是有规律和系统的，一些基本技能构成各种复杂的运动方式，个体基本技能发展等级决定其参与运动的能力。目前我国大学生技能等级水平较低，体育教育要深入认识运动技能教育的价值，完善运动技能的课程结构，从而满足学生终身参与体育运动的需要②。

王海燕等在《模仿学习对运动技能学习的影响》中，运用元分析法、数理统计法，以经过筛选的68篇文献为基础进行统计分析，试图找出模仿学习（model learning）对运动技能学习影响的总体效果及其对不同任务性质的影响，为今后在技能学习过程中是否采用模仿学习和如何实施模仿学习提供参考依据③。

李世明等在《艺术体操转体的多种运动技能及系列训练仪器的研制》中，在分析艺术体操转体动作技术特点的基础上，归纳出艺术体操运动员应具备的3种竞技能力：转体启动能力、旋转适应能力和动态平衡能力。结合运动生物力学和运动生理学相关理论，针对上述运动技能研制了不同的专用训练仪以提高艺术体操运动员的转体动作质量④。

刘宏宇等在《运动技能学的迁移研究与练习法的分类》中，借鉴国外运动技能学有关迁移的研究结果对我国相对落后的练习法进行研究。练习法分类的重要性以及我国当前练习法分类体系存在的问题，要求我们重新审视练习法分类体系，以运动技能学习的迁移规律作为分类标准，可对练习法进行理想的分类⑤。

---

①吴劲松，董文梅．从运动技能与日常动作技能比较分析的视角解析运动技能难易度［J］．广州体育学院学报，2010，30（5）：47-51.
②郭有莘．当前运动技能教育发展展望［J］．体育与科学，2002，23（5）：57-59.
③王海燕，杨斌胜，赖勤，等．模仿学习对运动技能学习的影响［J］．首都体育学院学报，2013，25（4）：362-370.
④李世明，金季春．艺术体操转体的多种运动技能及系列训练仪器的研制［J］．中国体育科技，2005，41（5）：48-50.
⑤刘宏宇，于立贤，王成．运动技能学的迁移研究与练习法的分类［J］．体育学刊，2001，8（4）：103-106.

Leah Ketcheson 等探讨身体活动水平与健康结果之间的关系。研究发现，儿童时期，过早的久坐行为与许多负面的健康结果有直接的关系。线性模型的结果表明，运动技能与身体活动水平之间没有关联度；对儿童身体活动的客观测量的持续需求至关重要，因为它可以揭示早期社区干预措施经常被忽视的问题，以便在发育早期增加身体活动[1]。

刁玉翠等在《济南市 3~10 岁儿童运动技能比较研究》中，运用美国的评价儿童基本运动技能测试工具（TGMD-2），对随机抽取的 629 名济南市 3~10 岁儿童进行测试，并将结果与美国测试手册中的相关结果进行比较研究，发现济南市儿童操作性运动技能中踢球和地滚球动作的熟练性与美国儿童相差无几，而击固定球、上手投球、双手接球和原地拍球动作的熟练性远低于美国儿童，据此提出一些教学方法，为儿童运动技能的学习与提高提供帮助[2]。

陆盛华在《少儿运动技能培养应遵循的另一规律》一文中，对少儿时期运动技能培养过程中应遵循的客观规律进行研究，针对以往偏重遵循运动技能的形成规律，忽视人类动作发展的规律的特征，提出了少儿在运动技能的培养过程在遵循运动技能规律的同时，还必须遵循人类动作的发展规律[3]。

杨宁在《儿童早期发展与教育中的动作和运动问题》一文中，提出学前教育如何遵循幼儿成长规律和学前教育规律，回归"基本"成为值得再次关注的重大问题，什么是儿童早期发展与教育的"基本"，如何认识"基本"，是需要学前教育理论研究界深入思考的。经过研究，儿童早期的动作发展不仅是其智力发展的重要指标，更是发展的普遍特征；运动是以身体为轴心的一种综合性的、多方面的、总体的活动，涉及认知、动机以及情感等方面。动作和运动在儿童早期发展与教育中具有重要地位。从动作技能与智力技能的同源性来看，动作问题一开始就并不单纯是动作问题，动作发展本身是儿童早期心理发展的重要组成部分，同时也是其早期心理发展的主要建构力量[4]。

徐国根等在《学龄前儿童全脑型体育教育的实验研究》中，依据全脑教育理论与方法，对 1000 名学龄前儿童进行为期三年的实验教学研究，探讨确立

---

[1] Ketcheson L, Hauck J L, Ulrich D. The levels of physical activity and motor skills in young children with and without autism spectrum disorder, aged 2-5 years [J]. Autism, 2017 (10): 1-10.
[2] 刁玉翠，李静. 济南市 3~10 岁儿童运动技能比较研究 [J]. 山东体育科技, 2013, 35 (3): 114-118.
[3] 陆盛华. 少儿运动技能培养应遵循的另一规律 [J]. 搏击（体育论坛）, 2010, 2 (2): 31-33.
[4] 杨宁. 儿童早期发展与教育中的动作和运动问题 [J]. 学前教育研究, 2011 (10): 3-9.

"全脑型体育教育模式"对有效开发学龄前儿童运动和智力潜能的意义,更好地开发学龄前儿童运动和智力潜能[1]。

Bart Vandaele 等评估学龄前6~6.5岁儿童掌握基本运动技能的情况[2]。

Aline Andres 等探讨在儿童出生后的两年内,脂肪数量对运动技能发展的影响,研究发现肥胖儿童运动技能发展水平明显落后于正常体重的儿童[3]。

(三) 儿童运动技能与专项结合的研究综述

李文柱等在《不同学段男生足球运动技能习得过程的教学实验研究》中,用教学实验,对不同学段男生习得足球运动技能过程进行实验研究,探讨两种不同教学方法组合（A 型:分解—分解—完整;B 型:完整—分解—完整)对学生学习效果的影响,运用统计软件对测试结果进行统计学分析,发现在学生运动技能掌握方面,B 型教学方法组合明显优于 A 型教学方法组合。[4]

王健等在《开放式与闭锁式运动技能教学方法的比较研究》中,运用教学实验法对高校体育英语和外贸英语两个非体育类专业本科女生习得排球和大众健美操项目的运动技能过程进行实证研究,结果表明:领会式教学方法对学生掌握两个项目的运动技能及形成基本战术意识是行之有效的手段[5]。

纪仲秋等在《足球教学对儿童动作发展的影响研究》一文中,运用实验研究等方法,使用加速度测试仪器对踢球的粗大动作进行研究,加强了足球与儿童动作发展关系热点问题的探究,表明了进行足球教学能有效地提高儿童姿势控制能力,促进儿童动作发展。[6]

柴娇等采取六角反应球抓球测试方法,能够体现随机情境性特点,可以较真实地反映儿童身体灵敏性。根据测试内容设计了反映灵敏素质的三级指标体系,

---

[1] 徐国根,舒能贵,徐本力,等.学龄前儿童全脑型体育教育的实验研究 [J]. 北京体育大学学报,2006,29(2):231-233.

[2] Vandaele B, Cools W, Decker S D, et al. Mastery of fundamental movement skills among 6-year-old Flemishpre-school children [J]. European Physical Education Review, 2011, 17 (1): 3-17.

[3] Andres A, Casey P H, Bellando J. Effects of fat mass on motor development during the first 2 years of life [J]. Infant, Child & Adolescent Nutrition, 2013, 5 (4): 248-254.

[4] 李文柱,王健,曲鲁平.不同学段男生足球运动技能习得过程的教学实验研究 [J]. 天津体育学院学报,2006,21(2):126-128.

[5] 王健,李宗浩.开放式与闭锁式运动技能教学方法的比较研究 [J]. 天津体育学院学报,2007,22(1):59-62.

[6] 纪仲秋,龚睿,葛红燕,等.足球教学对儿童动作发展的影响研究 [J]. 成都体育学院学报,2015,41(6):115-121.

得出相关结论①。

（四）儿童运动技能迁移的研究综述

国内外学者对运动技能迁移领域进行大量的研究，主要集中在对运动技能两侧性迁移领域的研究，周平在《对舞蹈与艺术体操运动技能迁移的研究》一文中，以迁移原理作为理论依据，循着舞蹈与体育渊源关系的线索，对舞蹈与艺术体操技术风格上存在的相同因素与干扰因素进行比较分析，寻求两者之间的积极因素，运用运动技能的正迁移，为提高艺术体操训练效率提供参考②。

Bray 等人研究了手部镜画操作对脚部镜画操作的迁移影响，刘江南在其博士论文中对运动技能两侧迁移进行了研究，从两侧性迁移及其机制、两侧性迁移表面肌电变化、两侧性迁移时事件相关电位变化3个方面，通过5个实验进行研究③。

对于部分整体迁移领域的研究，Seymour 的研究表明，如果任务是由一系列的分动作组成的，并且分动作之间有相对较长的时间间隔，那么独立地训练每个分动作能够促进整个任务的学习，同时还存在着另外一种情况，尽管动作是可以分离的，但是整套动作要求十分迅速地完成，我们通常所说的无法进行分解练习的动作，部分练习的效果又会有所不同。

对于改变动作的速度与幅度对动作技能迁移的影响领域的研究，如 Shapiro 以序列动作为任务，也考察了改变动作速度对迁移效果的影响，被试学习了一套包含九节动作的动作序列，在学习这个成套动作时，总是用一种相对固定的时间分配模式进行学习，在被试能够完全正确地掌握该成套动作后，研究者要求被试加快练习的速度，同时让其忽略原学习过程的时间分配，发现被试很难顺利完成该成套动作，练习的时间很难大幅度地缩短，研究似乎表明，在学习了一个动作序列之后，能产生一种相对稳定的时间安排策略。

对于不同练习情景对迁移影响领域的研究，Shapiro 与 Schmidt 等人以儿童作为被试进行了有关随机组合学习与组块连续学习的比较研究，研究发现，组块连续练习的效果优于随机组合练习。

对于动作技能学习中负迁移问题领域的研究，对负迁移进行的研究数量不

---

①柴娇，杨铁黎，姜山. 开放情境下7～12岁儿童动作灵敏性发展的研究 [J]. 山东体育学院学报，2011，27 (9)：60-65.
②周平. 对舞蹈与艺术体操运动技能迁移的研究 [J]. 广州体育学院学报，2005，25 (6)：127-128.
③刘江南. 运动技能两侧性迁移及其机制的研究 [D]. 广州：华南师范大学，2004.

多，如 Lewis 等人使用一种复杂的协调任务，要求被试控制一个可以双维活动的控制杆，同时脚部也在进行操作控制，将目标移动到三个指定的位置，评价练习标准任务的次数对相反任务操作的影响，研究发现，产生了明显的负迁移，前次完成次数越多，相反任务完成的质量越差。

对于动作技能迁移教学策略领域的研究，如王晓波运用教学试验的方法，以篮球运球技能为试验对象，探讨运动技能两侧性迁移的方向问题以及不同练习方案对两侧同利性运动技能学习效果的影响，发现篮球运球技能存在两侧性迁移的情况，迁移的方向是由非优势手向优势手迁移；左右手不同的练习方案对篮球运球技能的学习有影响，先左手后右手交替练习的学习方式有利于篮球运球技能的掌握[1]。赵洪波从田径动作技能基本特征出发，借助一系列的原理，研究中同时结合田径动作技能学习特点，对学习过程存在的常见的迁移现象进行分析，提出了相应的动作技能学习的指导策略[2]。

（五）儿童运动技能等级评定标准研究的综述

孙萍等在《我国青少年艺术体操运动技能等级标准构建理论研究》中，借鉴欧美艺术体操发展经验，结合青少年的身心特点，参照标准的制定规律和原则，结合艺术体操运动的实践及相关专家的意见，对我国青少年艺术体操运动技能等级标准构建的相关理论问题进行研究并提出建议，为进一步完善我国艺术体操项目研究的理论体系，推动我国艺术体操项目发展提供有价值的参考[3]。

王毅在其硕士论文《"体育、艺术 2+1 项目"实验中乒乓球技能等级评价标准研究》中，针对乒乓球项目技能等级标准的缺失、测试指标单一、测试指标选择不够恰当、测试标准递进性不合理、测试要求和方法表述不清晰、测试指标的系统性不强等原因，运用多种研究方法，研制出打破年级与年龄界限，建立起逐级递进、选测与必测相结合、以综合评分成绩为标准的等级评价模式[4]。

李高峰在其硕士论文《"体育、艺术 2+1 项目"实验中足球技能等级评价标准的研究》中，针对体育技能评级存在的普遍问题，同时借鉴艺术水平考试，经过研究形成了足球技能水平五个等级划分。在这一标准下，学生们突破了年龄的

---

[1] 王晓波. 复杂运动技能两侧性迁移的试验研究 [J]. 天津体育学院学报，2013，28（2）：138-142.
[2] 赵洪波. 田径动作技能系统特征及其学习过程中迁移指导策略研究 [D]. 北京：北京体育大学，2013.
[3] 孙萍，黄俊亚. 我国青少年艺术体操运动技能等级标准构建理论研究 [C]. 2015 第十届全国体育科学大会论文摘要汇编（二），2015.
[4] 王毅. "体育、艺术 2+1 项目"实验中乒乓球技能等级评价标准研究 [D]. 郑州：河南大学，2010.

界限，逐步形成了足球技术递进发展及评价的模式。在这种模式下，百分位数的等级评价量表制定，让学生自由选择，在测评时实现定性与定量、选测与必测相结合。该等级测评方法的建立不仅有利于激发学生的足球参与兴趣，同时也不断促进青少年足球专业技能的提高，培养终身体育意识[①]。

柴娇等在《网球正手击球运动技能评价指标、标准及其实证研究》中，以网球这项开放式运动项目为例，对开放式运动技能学习原理指导下的网球正手击球运动技能评价指标和教学内容进行组织安排，最终通过对教学实验结果的分析达到对开放式运动技能评价指标的实证研究。从开放式运动技能学习原理入手，建立开放式运动技能评价指标及其标准[②]。

乌云格日勒等在《试论体育教学中运动技能评价标准个体化的意义及实施要领》中，运动技能评价标准个体化，旨在为每一个个体制定一个能真正体现学习效果的评价标准，使评价标准真正成为学习者经努力而有望达成的学习目标，以激发学生内在的学习动力[③]。

乔倩倩在其硕士论文《"全民终身学习（体育）"网球的技术等级评价标准研究》中，根据运动项目的特点进行指标筛选，最终确定了"全民终身学习（体育）"网球技术测试指标。确定了身体素质和基本技术指标，其中技术指标又细分为四项二级指标和七项三级指标[④]。

刘晓凤在《南京市初中生体操类基础动作技能发展水平评价方法研究》中，为初中学生体操类基础动作技能的研究开发，建立"不同年龄的学生体操项目动作技能发展水平评价量表"，为体操教学内容的选择、教学课程目标的设计和教学效果的评价提供参考依据[⑤]。

三、关于体操项目技术动作分类研究的评述

魏曙光在《论体操的分类及其内容》中，通过梳理体操内涵的变迁过程，分析体操分类与内容存在的问题，以体操功效理论作为分类标准，将体操分为三

[①] 李高峰."体育、艺术2+1项目"实验中足球技能等级评价标准的研究［D］.郑州：河南大学，2007.
[②] 柴娇，杨卓，任海雷.网球正手击球运动技能评价指标、标准及其实证研究［J］.西安体育学院学报，2013，30（2）：222-227.
[③] 乌云格日勒，金寅淳.试论体育教学中运动技能评价标准个体化的意义及实施要领［J］.广州体育学院学报，2006，26（5）：127-129.
[④] 乔倩倩."全民终身学习（体育）"网球的技术等级评价标准研究［D］.北京：首都体育学院，2015.
[⑤] 刘晓凤.南京市初中生体操类基础动作技能发展水平评价方法研究［D］.南京：南京师范大学，2014.

大类：器械性体操、价值性体操、基本体操，以体操运动技术序列发展的时空顺序为依据确立体操各类的内容[①]。

李树林等在《论体操的内容与分类》中，针对现行的体操分类，对体操种类与体操的内容这两个不同层次的概念没有进行区分，且分类的根据不统一，造成划分体操内容和进行体操分类的混乱的问题，将体操基本内容整理为六项：队列队形练习、徒手体操、轻器械体操、器械体操、技巧、跳跃。根据目的与任务的不同，又将体操划分为基本体操和竞技性体操两类，在此基础上，可以进一步划分[②]。

史鲜玲在《体操普修技术课动作分类组合教学实验研究》中，主要运用教学实验法，对体操普修课采用动作分类组合技术教学进行研究，以体操同类结构动作中的关键性技术环节为主线，以强化断面基础动作为突破口，采用动作分类组合模块进行体操普修课的技术教学，探讨对学生运动成绩的影响[③]。

牛岭等在《新世纪体操分类的逻辑学探索》中，以体操的内容为出发点，从逻辑学的角度，对我国现行体操的分类情况进行分析，根据目前体操的发展现状及其衍生出的新内容，采用二分法对体操动作技术进行分类[④]。

四、总结

对动作技能的研究主要集中在以下几个方面：对动作技能自身的研究，国外儿童动作技能发展的启示、动作技能发展的实验研究等。由于动作技能可以分为粗大动作技能和精细动作技能两种类型，对动作技能的研究主要也集中在这两个方面，根据不同的测试工具，对粗大动作和精细动作进行大量的研究，但大量的研究集中在理论层面，对动作技能教学发展的实践价值不大。国内外专家对动作技能方面的研究，更多是借助特殊的评价测试手段，通过教学实验对儿童动作技能进行研究，再通过实验前后结果的比对，发现动作技能干预的效果。国外研究的深入性和微观性比较高，但缺少针对动作发展的敏感期进行的动作技能干预的研究。

对动作技能教学方面进行的研究，理论性研究较多，实证性研究偏少，且研究的总体数量偏少，运用有效的教学方法促进学生运动技能的掌握在国外研究已经非常丰富，目前我国还处于起步阶段，需要对其进行深入的研究，促进关于学生

[①] 魏曙光. 论体操的分类及其内容 [J]. 吉林体育学院学报, 2013, 29（1）：83-87.
[②] 李树林, 徐桂贞, 韩宏飞. 论体操的内容与分类 [J]. 北京体育大学学报, 2001, 24（3）：424-426.
[③] 史鲜玲. 体操普修技术课动作分类组合教学实验研究 [J]. 武汉体育学院学报, 2009, 43（10）：81-85.
[④] 牛岭, 毛岩峰. 新世纪体操分类的逻辑学探索 [J]. 安徽体育科技, 2002, 23（1）：31-34.

运动技能掌握的研究，达到提高学生运动技能掌握水平的目的。对于运动技能理论方面的研究集中在运动技能自身的发展与展望，运动技能不同角度的分类，如会能度、迁移、练习法等视角，学习方式或方法对运动技能发展的影响等方面。

对儿童运动技能的研究集中在对某一地区儿童运动技能发展现状和不同地区儿童运动技能发展的比较研究、从理论层面和心理学层面对儿童运动技能发展的研究、运用教学实验的方法对学龄前儿童运动技能发展的研究等。国外有对学龄前特殊儿童进行的运动技能方面的研究，而国内对此方面的研究还比较欠缺。

教学方面更多集中在以教学实验的方法对学生运动技能发展方面，涉及的专项比较丰富，如篮球、排球、足球、舞蹈、艺术体操、健美操、六角球等，没有发现根据项目要素特征对运动技能进行研究的文献。

动作技能等级标准方面进行的研究，涉及多个专项的研究，如篮球方面，主要侧重技术评价；羽毛球方面，主要侧重身体素质等。当前对动作技能标准的评价方面的研究还处于空白阶段，人们逐渐认识到动作发展的重要性，以运动专项为切入点，结合人体生长发育规律来研究运动技能等级评定标准仍然是需要深入研究的领域。

第三节　研究对象、研究方法与技术路线

一、研究对象

3~6岁儿童动作技能发展特征，其中3~4岁儿童指大于36个月、小于等于48个月的儿童，4~5岁儿童指大于48月、小于等于60个月的儿童，5~6岁儿童指大于60个月、小于等于72个月的儿童。

二、研究方法

（一）文献资料法

查询中国知网、万方数据库、PubMed文献数据库、ProQuest博硕士论文全文数据库等信息资源，查阅儿童运动技能发展、体操类技术动作要素、体操内容体系构建、教学方案设计等方面的相关文献资料；查阅与本研究有关的学术专著、教材和研究成果；查阅有关儿童动作技能发展的硕博论文；查阅有关体操内

容体系构建的会议论文；查阅国家颁布的儿童动作技能发展方面的政策法规，为本研究的顺利进行提供思路和理论支撑。

（二）调查法

1. 问卷调查法

为了全面了解3~6岁儿童动作技能发展的特征和筛选体操类技术动作内容，选择动作发展、动作技能学习、幼儿教育、体操教学、专业体操训练等相关领域的专家23人。

2. 专家访谈法

专家筛选是指把理论模型中的评价指标设计为问卷咨询表，请专家根据自己的知识和经验进行判断和选择的过程。因为专家的选择带有一定的主观性，因此选择的专家应对该研究领域有很丰富的理论知识和实践经验，通过对一定数量的专家进行发放问卷，对回收的问卷进行集中整理，归纳集中大多数专家的意见，可以在一定程度上减少主观性的干扰，提高筛选指标的客观性，在筛选指标的过程中，根据专家的意见，删除一些不能较好反映评价对象的指标，保留专家认可的指标。选择了23名相关领域的专家进行问卷调查（表1-1），与部分专家进行了访谈，访谈结果为3~6岁儿童动作技能发展教学模型要素的筛选、问卷设计及内容体系构建提供依据。

表1-1 调查访谈专家基本信息

序号	姓名	职称或职务	学历	研究方向	单位
1	吉承恕	教授	博士	运动技能控制与学习	天津体育学院
2	李思民	教授	博士	体操教学与训练	曲阜师范大学
3	徐冬青	教授	博士	运动健康促进	天津体育学院
4	杨慧	教授	学士	体操教学与训练	山东师范大学
5	崔云霞	教授	学士	体操教学与训练	山东师范大学
6	李世明	教授	博士	运动生物力学	中国海洋大学
7	何玉秀	教授	博士	运动技能控制与学习	河北师范大学
8	郑旗	教授	硕士	动作技能发展	山西师范大学

(续表)

序号	姓名	职称或职务	学历	研究方向	单位
9	部义峰	副教授	博士	体育教学	江苏师范大学
10	王 琳	副教授	博士	运动健康促进	上海体育学院
11	张运亮	副教授	博士	体操教学与训练	天津体育学院
12	孙爱华	副教授	硕士	体操教学与训练	天津体育学院
13	宁 科	副教授	博士	儿童动作技能发展	陕西学前师范学院
14	李 英	副教授	博士	运动健康促进	天津体育学院
15	曲鲁平	副教授	博士	体操教学与训练	天津体育学院
16	刘 健	园长	学士	幼儿教育	天津幼师附属幼儿园
17	李 芳	园长	学士	幼儿教育	枣庄市实验幼儿园
18	邵晓明	主任	学士	幼儿教育	枣庄市实验幼儿园
19	高 岩	主任	学士	幼儿教育	枣庄市实验幼儿园
20	王冠寅	高级教练员	硕士	体操训练	国家体操队
21	赵卫华	高级教练员	硕士	体操训练	天津体操队
22	史琳琳	高级教练员	硕士	体操训练	天津体操队
23	姚洪臣	高级教练员	学士	体操训练	天津体操队

（三）教学实验法

根据儿童教学设计的原理、指导思想、教学目标、教学任务等，设计与该幼儿园教学进度相吻合的教学进度计划和教学方案，用于教学实验。教学设计不改变该班级原有的课程安排计划，教学内容设计也是围绕观测指标进行的发散性设计，将教学设计安排在幼儿园自然教学条件下，避免人为设计单纯促进儿童动作技能发展的专门训练，对受试儿童进行为期六周的动作技能发展教学实验，通过多个观测指标前、后测的对比分析，验证教学方案设计的有效性。

（四）数理统计法

运用 Excel 2013 对回收的问卷和测试的数据进行录入，运用 SPSS23.0 统计软件对录入的数据进行统计分析，采用层次分析法、非参数性检验、配对样本 T 检验、独立样本 T 检验等方法进行统计学分析。

三、技术路线

本研究的技术路线如图 1-1 所示。

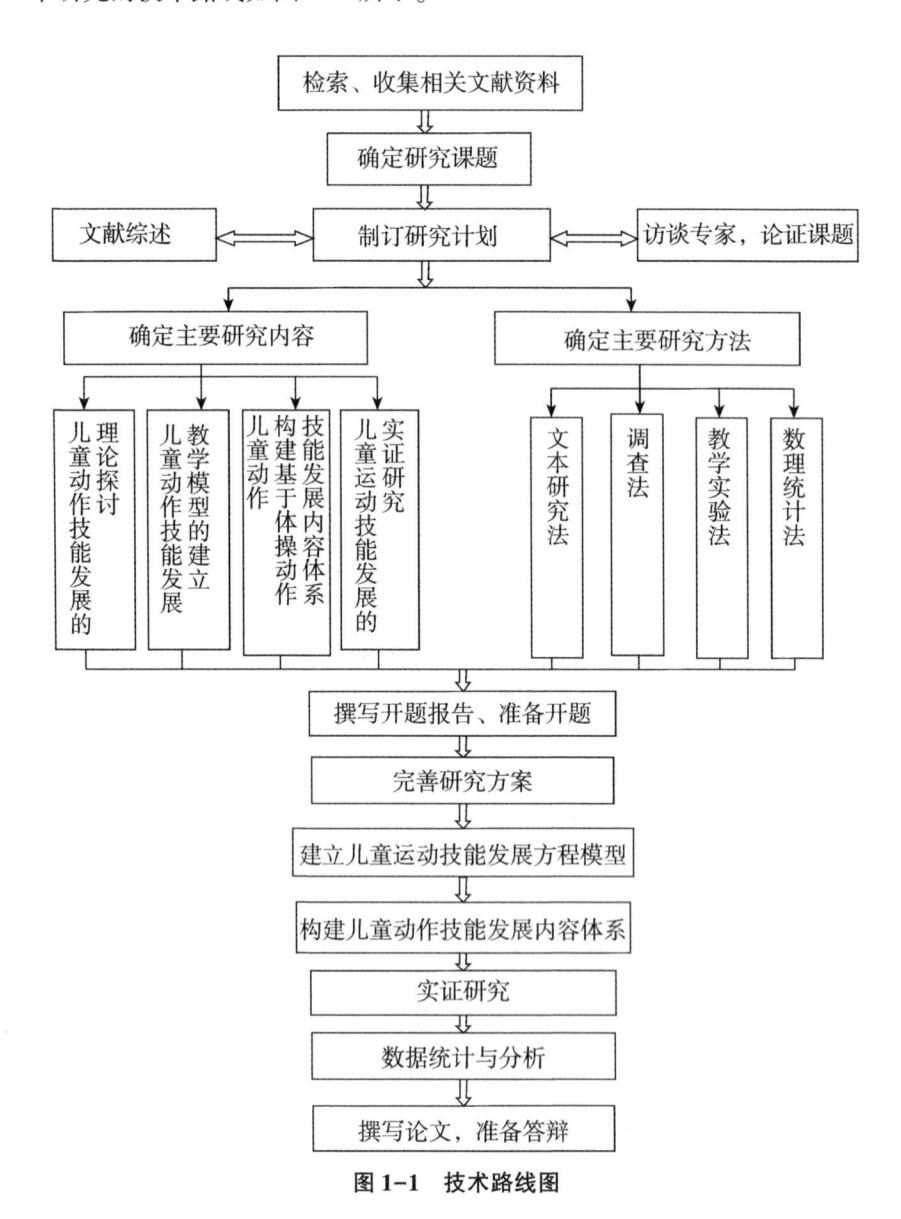

图 1-1　技术路线图

第四节　本研究的理论基础

一、运动技能形成理论

动作技能是指人体在运动中掌握和有效完成专门动作的能力，或是按一定的技术要求完成动作的能力①。

身体运动的种类多样，虽然各自都具有不同的特点，但一般来讲，随着某种身体运动练习次数的增加，具备掌握该运动所需要的基本身体素质和机能的活动能力，能够比较熟练和准确地掌握该项运动技能②。某种特定的身体运动，指能以较高的准确性、较少的时间、较小的能量消耗和能够达到目的的合理方法予以完成的状态，就称为获得了动作技能③。

动作技能的形成是一个复杂的过程，是条件反射建立和巩固的过程，激发活动者的兴趣，提高其活动的积极性，使大脑皮层处于最适宜的兴奋状态，并且具备掌握该动作所需要的基本身体素质和机体活动能力，是形成动作技能的重要条件。

动作技能的形成具有一定的规律性，无论何种动作技能的发展，大致都需要经历相互联系的三个阶段④。

一是粗略掌握动作的阶段：在这一过程中，大脑皮层中的兴奋和抑制过程都呈现出扩散的状态，条件反射的暂时性神经联系不稳定、不精确，出现通常所说的"泛化"现象，故此阶段有时也称为"泛化过程"。这个过程的动作通常表现的状态是："动作比较僵硬、紧张、不协调、不准确，缺乏灵活的控制能力，多余的动作较多，完成动作出现比较费力、不够自然的情况。"这个阶段在认识上，是处于感知和表象阶段，主要是依靠视觉表象控制和调节动作。

因此，在学习动作技能的初期，教师要尽可能只考虑动作完成的主要环节，对其进行必要的讲解与示范，让儿童对动作的整体性有一个初步的、全面的感性认识，同时给儿童较多的练习机会，让儿童亲自去体验和实践，能初步完成动作，不要过多强调动作的细节或急切纠正儿童出现的某个错误动作，能基本完成

---

① 赫秋菊. 动作技能学习导论 [M]. 沈阳：东北大学出版社，2016.
② 吴旭东. 试析运动技能概念的本质属性及其学习含义 [J]. 山西师大体育学院学报，2006，21（1）：4-7.
③ 张英波. 动作学习与控制 [M]. 北京：北京体育大学出版社，2003.
④ 张英波. 动作学习与控制 [M]. 北京：北京体育大学出版社，2011.

动作就可以。

二是改进和提高动作的阶段：在粗略掌握动作的基础上，通过多次、反复的练习过程，大脑皮层运动中枢的兴奋和抑制过程逐渐集中，尤其是抑制过程得到发展并且逐渐加强，使动作由泛化进入分化阶段，这一过程也被称为"分化过程"。在这一阶段中，多余的动作逐渐被克服且明显减少，错误动作也得到纠正，身体控制能力得到加强，能比较顺利地完成动作，可以认为这一阶段已初步建立了动力定型，但这种动力定型还很不稳定，动作仍不够熟练，在一些复杂和变化的情况下，较易出现错误动作和无法完成动作的情况，在上一过程中出现的错误或多余动作可能再次出现在练习过程中。

这一过程中，应该让儿童多进行实践与练习，注意对儿童错误动作的纠正，帮助儿童逐步掌握动作细节，提高儿童动作的节奏感，使儿童能轻松自如、协调正确地完成动作，促使动作日渐成熟。

三是动作的巩固和运用自如阶段：在多次反复的练习之后，大脑皮层的兴奋与抑制在时间和空间上变得更加集中和精确，从而形成了较为巩固的动力定型，这一阶段，能准确、熟练、协调、省力地完成各种动作，在一些动作中甚至出现自动化的现象。

这一过程中，教学活动的主要任务是巩固和发展已形成的动力定型，经常性地进行练习，设置各种环境与条件，使儿童在各种条件下都能顺利地完成动作，提高儿童动作技能的适应性。

为了使儿童掌握一些基本的动作技能，进而发展儿童的基本活动能力和身体素质，应为儿童提供更多的条件和机会，鼓励他们经常参加身体运动。对于儿童来说，应尽可能设计丰富多彩的活动内容，吸引儿童积极参加，才能促使儿童主动参与动作技能的学习，促进儿童动作技能的发展。

二、动作控制理论

动作控制是指与人执行技能性动作有关的一系列神经学、生理学和行为学机制，它的主要研究对象是动作产生、执行和控制的过程，以及影响这些过程的各种变量[1][2]。具体包括：一是研究活动和行动的发展变化情况，如走、跑、跳、

---

[1] 张英波. 动作学习与控制 [M]. 北京：北京体育大学出版社，2003.
[2] 张英波. 动作学习与控制 [M]. 北京：北京体育大学出版社，2011.

投等基本活动的问题；二是研究知觉的问题，由于人的行动是在特定的环境中进行的，因此知觉是执行一个有效的行动所必备的能力；三是研究认知的问题，如研究影响动作控制过程中，关于产生意图或目标机制中的注意力、动机以及情绪等问题①。

大部分控制理论都会涉及两个基本控制系统，分别为开环控制系统和闭环控制系统。二者的区别表现在：一是闭环控制系统有反馈，而开环控制系统没有反馈②，在人类的运动过程中，反馈是各种感受器传入中枢的信息，这种反馈能使控制中心及时地修正运动；二是控制中心发出的运动指令，在开环控制系统中，不利用反馈对运动进行在线式控制，指令包括所有必要的信息，使效应器完成指定的运动，而闭环控制系统中的运动指令则与之有明显的区别，控制中心给效应器发出的启动指令只是为了启动运动，真正地执行完成运动还必须依赖于到达控制中心的反馈信息③。

总而言之，动作控制的研究领域包括知觉和行动系统的各种问题，而知觉和行动系必须具有良好的组织方式才能达成特定的目标或行动的意图④。

三、运动技能的迁移理论

迁移理论是指已经具有的技能对新技能的学习和掌握具有一定的影响，这种影响可能是积极正向的，也可能是消极负向的，我们把这种影响称为广义的迁移⑤。原有动作技能对学习和掌握新的技能产生积极的影响，称为正迁移，也称为狭义的迁移。

学习迁移原理是教育课程设置的一个重要组成部分和一种传授知识的方法，也是完善和操作系统康复方案的重要途径，因此从实践的角度出发，迁移原理是非常有意义的，迁移原理也具有理论上的重要意义，它可以帮我们理解学习的过程和运动技能操作的本质过程⑥。

根据迁移对动作技能发展的影响效果，将其分为正迁移、负迁移、两侧迁移

---

①胡名霞. 动作控制与动作学习 [M]. 吴庆文，译. 北京：人民卫生出版社，2017.
②曲鲁平. 我国青少年体质健康促进模型构建与运动干预研究 [M]. 北京：人民体育出版社，2021.
③Richard A. Magill，运动技能学习与控制（第七版）[M]. 张忠秋，译. 北京：中国轻工业出版社，2006.
④董奇，陶沙. 动作与心理发展（第二版）[M]. 北京：北京师范大学出版社，2004.
⑤Payne VG, Lar ry DI. Human motor development（3rd）[M]. California：May field Publishing Company，1995.
⑥胡名霞. 动作控制与动作学习 [M]. 新北市：金名图书有限公司，2009.

三种形式[1]，其中金泰尔的运动技能分类法提供了一个关于如何在技能训练情境中运用迁移原理的例子。这种分类法根据各种技能的特征从简单逐渐到复杂的顺序，将技能进行了系统的分类，是建立在正迁移原理的基础上；负迁移是指当一个旧的刺激需要新的但相似的反应时，负迁移就可能出现，换言之，当两种操作情景相似但运动的特征又不相同时，运动空间位置改变和运动时间结构改变两种情形下，负迁移出现的概率就比较大。负迁移出现是暂时的。对于负迁移出现的原因，一般认为有两个，一是技能学习所形成的记忆表象，用一种特定的方法练习和掌握一项技能，便会产生一种连接目标记忆特征和动作系统的记忆行为；二是由于认识模糊产生负迁移。在进行技能练习时，学会了用一侧肢体操作完成某一动作，另一侧肢体就很容易掌握这种动作，这种迁移就叫作两侧迁移。两侧迁移可以进一步分为对称性两侧迁移和非对称性两侧迁移，对称性两侧迁移是指练习者锻炼任何一侧肢体都带来大致相同的迁移量；非对称性两侧迁移是指练习者锻炼某一侧肢体会带来比锻炼另一侧肢体更大的迁移量[2]。

---

[1] 刘宏宇，于立贤，王成. 运动技能学的迁移研究与练习法的分类 [J]. 体育学刊，2001，8（4）：103-106.
[2] Magill R A. 运动技能学习与控制（第七版）[M]. 张忠秋，译. 北京：中国轻工业出版社，2006.

第二章 儿童动作技能发展的理论探讨

从跨学科的角度对儿童动作技能发展的理论进行梳理与分析,对儿童动作技能发展的相关概念、儿童动作技能发展特征、基于体操技术动作儿童动作技能的分类与生物学特征三个方面的问题进行探讨。

从儿童动作技能发展序列、儿童动作技能发展的敏感期、儿童动作技能的分类三个方面对儿童动作技能发展特征进行探讨,发现3~6岁儿童动作技能发展呈非线性,且具有一定的阶段性特征。不同类型动作技能都有其发展的"敏感期",3~6岁儿童在不同年龄阶段,通过体操项目的干预,能够使其动作技能获得最优化的发展。

依据儿童动作技能发展和体操类动作分类的要求,将3~6岁儿童的动作技能分为非位移性和位移性两大类,非位移性动作技能可进一步分为(静态)平衡类、旋转类、支撑类、悬垂类、抛接类五种动作技能,位移性动作技能可进一步分为(动态)平衡类、移动类、跳跃类、攀爬类、滚翻类五种动作技能,每一种动作技能又可以通过多个体操技术动作表现出来。

通过文本梳理,对平衡类、旋转类、支撑类、悬垂类、抛接类、移动类、跳跃类、滚翻类、攀爬类九种类型动作技能的生物学特征进行总结与归纳,为儿童动作技能发展体操教学模型的建立和儿童动作技能发展内容体系的构建提供理论支撑。

第一节 儿童动作技能发展相关概念与内涵

一、动作技能概念与内涵

技能在外延上包括智力技能和动作技能两大类,其中智力技能与知识的交织程度相对紧密一些，通过内在的心理体现，而动作技能尽管也有智力技能成分的参与，但与智力技能显著不同的特征是动作技能表现出的肌肉动作。其独特性的特征就是动作技能是通过长时间重复的练习，对技能进行强化，以达到熟练的目的[1]。对于技能来说，无论是内隐的智力活动，还是外显的肌肉活动，技能都是按特定的顺序和步骤逐一执行的操作方式，技能学习是让个体学会面对一个问题状态时，如何在目标的指引下，通过一系列智力或运动操作来达到目标状态。如果说知识学习的本质是获得事实的意义，那么技能学习的本质就是获得全新方法的步骤。对于智力技能来说，必须遵循条件到行动的程序，而对于动作技能来说，必须遵循刺激到反应的程序。在不同类型技能中表现出不同的特征，智力技能的基本单位是产生式的，而动作技能的基本单位是动作，换言之，一套产生式系统呈现为智力技能，而一套动作系统呈现为动作技能。

（一）动作技能

动作技能是指有组织、协调而统一的肌肉动作构成的活动。从穿衣、写字、走路这些较简单的活动到操纵车床、飞机等机械的复杂活动，都包含着动作技能[2]。各种动作被组织起来构成一个连贯的、整齐的、有明确时间性的完整动作，就形成了动作技能，而这种技能是在不断练习的基础上形成的。动作技能指通过练习巩固下来的、自动化的、完善的动作活动方式，如日常生活方面的写字、行走、骑自行车；体育运动方面的游泳、体操、打球；生产劳动方面的锯、刨、等活动方式，都属动作技能。人的基本能力是由一系列动作组成的，如简单的行走，也是腿、脚、手臂和眼等的共同活动；而骑自行车则是脚、腿、手臂的动作和整个躯体，以及视觉、触觉等的联合活动。最初阶段，人完成这些动作是不协调的、笨拙的，通过反复的练习，完成动作的行为被大脑记忆下来，达到熟练的程度，某些动作就从意识中解放出来，变成自动化的动作。动作技能的学习，从本质来说，是掌握一个动作连锁、一套形成系列的单个刺激到反应的相互连接系统[3]。

（二）动作技能的特征

技能总是在人们完成某种操作或动作中表现出来的。操作或动作是可以观察

---

[1] Magill R A. 运动技能学习与控制（第七版）[M]. 张忠秋, 译. 北京：中国轻工业出版社, 2006.
[2] 赫秋菊. 动作技能学习导论 [M]. 沈阳：东北大学出版社, 2016.
[3] Greg Payne, 耿培新, 梁国立. 人类动作发展概述 [M]. 北京：人民教育出版社, 2008.

的外显活动，其执行的速度、精确性、力量或连贯性均可以测量。心理学家总是将达到较高速度、具有较高精确性、轻松、连贯的操作或动作称为熟练的操作或熟练的动作。动作技能形成的标志是达到熟练操作。动作技能的熟练操作表现出一些主要的特征（图2-1）。

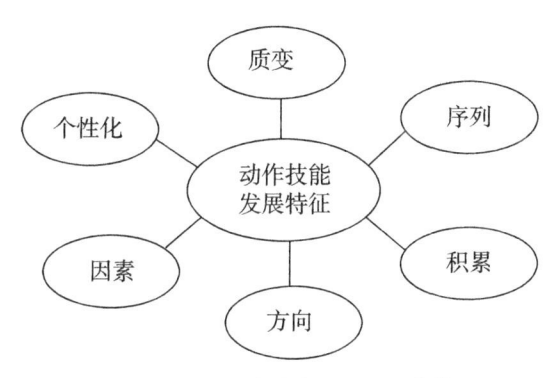

图2-1 动作技能发展特征因素[①]

1. 意识调控减弱，动作自动化

在技能形成的初期，人的内部语言起着重要的调节作用。人们完成每一个技能动作，都会受到意识的调节与控制。意识的控制作用稍有减弱，动作就会停顿甚至出现错误。在这种情况下，人们就表现出紧张的状态。随着技能的形成与掌握，意识对动作的控制逐渐减弱，整个技能或技能中的大多数动作逐渐成为一个自动化的动作系统。人们在完成一种技能时，只关心如何使技能服从于当前任务的需要，而不关心个别动作的进行。由于动作系统的自动化，扩大了人脑加工动作信息的容量，人们在完成动作时就表现出轻松的状态，从而使其紧张状态得到很大程度的缓解。

2. 能利用细微的线索

任何动作技能都受情境中的线索指导。线索包括能看到、能听到或能触到的，有的线索有助于人们辨认情境或指引行动的刺激。指导动作技能的线索大致可分为三类：第一类是基本线索，即人要进行成功反应所必须注意的线索；第二

---

①Greg Payne，耿培新，梁国立. 人类动作发展概述［M］. 北京：人民教育出版社，2008.

类是有助于调节反应的线索；第三类是无关的线索①。以棒球游击手的动作为例，球棒的摆动、球的初始速度，是他要做出反应的基本线索；球的转动和场内条件对初学者没有帮助，而对优秀的运动员则有帮助，有助于他们预测球的弹跳；而裁判员的位置、人群的喧闹等则是无关线索。在动作技能形成初期，学习者只能对基本线索发生反应，他们并不能觉察到自己动作的全部情况，难以发现自己的错误。随着练习的增多，学习者能觉察到自己动作的细微差别，能运用细微的线索，使动作技能日趋完善②。当动作技能达到熟练程度时，人们能通过捕捉到细微的线索来改善动作。练习者头脑中已储存了与特有的一系列线索有关的信息，当某一线索出现之后，就能进行一系列的反应。优秀运动员对微弱的线索有敏锐的感知觉，如日本乒乓球名将长谷川信彦，可以通过对手移动时所产生的风声，地面震动的触觉和对方呼吸的声音来判断对方移动的位置。

3. 动觉反馈作用加强

在形成动作技能的初期，反馈对动作技能的学习和完善起着重要的调节作用。在动作技能学习中，反馈可分成外反馈与内反馈两种。外反馈是指视觉、听觉等提供的反馈，它们具有外部的信息源，如旁观者的指点，某种机械的信号等。内反馈指由肌肉或关节提供的动觉反馈，它们是动作的自然结果，如在钉钉时，落锤的轻重、落锤的方向提供的动觉反馈等③。

在动作技能形成的不同阶段，起调节作用的方式也在发生着变化。在技能形成的初期，内反馈与外反馈都很重要，但来自外界的视觉和听觉反馈作用更加明显，人们根据看到或听到的情况，对反应进行调整和校正，使动作技能朝向所要达到的目标。随着动作技能的形成，外部感觉的控制作用逐渐为动觉的控制所替代，动觉反馈在动作技能的调节中起着越来越重要的作用，如一个人刚学打字，他的动作是在视觉的严密控制下进行的，他注视要打的文件和打字机上的键盘，逐个按键把字打出来，待打字的技能熟练后，就能够摆脱视觉的控制而熟练地操纵打字机上的键盘，实现所谓的盲打，标志着打字技能的形成。因此，反馈方式的变化，是技能形成的又一重要标志。

---

①Schmidt R A, Lee T D. Motor control and learning (5rd) [M]. Champaign, IL: Human Kinetics, 2010.
②曲鲁平. 我国青少年体质健康促进模型构建与运动干预研究 [M]. 北京：人民体育出版社，2021.
③Greg Payne，耿培新，梁国立. 人类动作发展概论 [M]. 北京：人民体育出版社，2011.

4. 形成运动程序的记忆图式

技能是由一系列动作构成的。一系列局部动作联合成为一个完整的动作系统，即一种协调化的运动程序的记忆图式。技能动作的协调化运动程序表现在两个方面，一是连续性的统一协调，这是动作在执行时间上的协调，如走路时先动一只脚，后动另一只脚，这是时间上的协调或连续性的统一协调；二是同时性的统一协调，这是动作在空间上的协调，如走路时，移步配合上手的摆动。大多数技能的掌握，既需连续性的统一协调，又需要同时性的统一协调，从而构成一个协调化的运动程序的运动图式[1]。

形成运动程序的记忆图式是完成动作技能的重要条件。研究者用投球时建立手眼的协调，研究了连续性统一协调与运动成绩之间的关系。将实验分甲、乙两组进行，甲组在训练抓球时，要求眼睛注视自己的目标，而乙组在训练抓球时，眼睛只注意球，运动成绩通过投球的准确度和反应时来评价。结果发现，在规定的训练时间内，甲组的动作准确度明显优于乙组，甲组的反应时得到一定程度的提高，而乙组的反应时几乎没有变化。这说明，建立连续性的统一协调对改善技能水平产生了积极的影响[2]。

5. 在不利条件下能维持正常操作水平

具有同样操作水平的人，其熟练程度可能不同，在条件变化的情况下进行技能的操作能够发现最熟练的操作者，如著名的足球运动员能在对手贴身防守，甚至在对手因犯规使自己身体失去平衡时摆脱困境，将球踢入球门。紧急情形的突然出现可能使不熟练者手足无措，但能使熟练者的技能发挥至巅峰。

（三）动作技能的分类

对动作技能进行分类，可以从动作任务的组织方式、运动与认知因素的重要程度和执行动作技能中环境变化的可预见性三个方面加以讨论。

---

[1] Stoeger H, Ziegler A. Deficits in fine motor skills and their influenceon persistence among gifted elementary school pupils [J]. Gifted Education International, 2013, 29 (1): 28-42.
[2] Andres A, Casey P H, Jayne Bellando. Effects of Fat Mass on MotorDevelopment During the First2 Years of Life [J]. Infant, Child, & Adolescent Nutrition, 2013, 5 (4): 248-254.

1. 从动作任务的组织方式分类

(1) 分立技能

从动作任务的组织方式看，分类系统的一端是分立技能[1]，这种动作任务的特征是开始和结束界限分明，通常情况下持续时间非常短暂。分立技能所涉及的动作任务包括足球中的踢球和排球中的扣球等。分立技能在体育运动中的表现非常普遍，尤其是那些经常需要有明确而分离的投掷、投篮、击球、踢球、跳跃和接球等动作的运动项目。

(2) 序列技能

当分立技能被结合在一起形成了更加复杂的动作，这样的动作就被称为序列技能，表示在一定程度上动作的顺序对动作熟练掌握具有关键性作用，各种舞蹈的固定连续动作，以及田径运动中的许多跳跃和投掷项目的完整技术动作都是序列技能的实例，如急行跳远包括助跑、起跳、腾空和落地，掷标枪包括持枪、助跑、投掷、鞭打和维持身体平衡等多个技术动作环节。

序列技能和分立技能的主要区别在于是否需要更长时间来完成动作，而且每一个序列技能动作都是以分立动作开始和结束的。在序列技能的学习中，开始练习阶段，练习者主要把精力放在技能任务的单个动作要素上，经过大量的练习之后，能够把这一系列分立的单个动作要素结合起来完成，从而形成一个更加复杂的连贯动作。这就使掌握序列技能的练习者，能够像完成一个单独的分立技能一样控制整个序列动作过程，如赛车运动员在比赛中熟练、快速地操作变速杆，控制汽车的稳定等。

(3) 连续技能

这一类动作技能的组织方式没有明确的开始和结束，因此称为连续技能，通常指那些具有重复性或韵律性的、持续时间较长的动作技能，如跑步、游泳、竞走、滑冰、自行车等项目。对于这一类型的动作技能，练习者自身、环境或障碍等外因，决定了动作技能的持续时间；还有一系列持续动作技能需要练习者完成跟踪任务，用肢体动作保持与目标的接触，如驾驶赛车就是一个完成持续跟踪任务的典型事例，赛车手需要不断操作方向盘控制方向，把赛车保持在赛道上。

---

[1]张英波.动作学习与控制[M].北京：北京体育大学出版社，2003.

2. 从运动和认知因素的重要程度分类

（1）运动性技能

分类系统是以动作任务中动作和认知因素的相对重要性作为分类的标准。对于那些把动作质量本身作为动作成功的主要决定因素，而不是把重点放在对动作任务的感知方面的技能，叫作运动性技能[1]，如健美运动员训练中的主要任务是深入刺激某些肌肉群，尽量多地重复对抗某些阻力负荷的练习，以促进肌肉体积的增大；如田径项目的撑竿跳高运动员清楚地知道自己需要做什么，比赛中对他最大的挑战是完成越过最大横杆高度的技术动作。

（2）认知性技能

对于认知性技能，动作性质本身的重要性却小于执行什么样动作的决定和策略，如棋类比赛中，移动棋子的动作速度快慢并不重要，重要的在于是从哪里向哪里移动棋子，来赢得比赛的胜利。

综上所述，认知性技能的要点是"知道做什么"，而运动性技能的要点是"正确地去做"，但实际生活中，纯粹的运动技能和认知技能并不常见，绝大多数动作技能都处于二者之间。根据这个系统对动作技能分类时，所采用的更合理的方法是分析认知和运动因素，对于成功达到动作目的的贡献程度。当我们在学习一个新动作技能时，可能需要很长时间思考如何来完成动作，有时候即使熟练掌握了某些动作技能，还需要经常思考如何完成该动作。

3. 从执行动作技能中环境变化的可预见性分类[2]

从执行动作技能过程中周围环境的稳定性和可预见性程度对动作技能进行分类，分为开放式动作技能和闭锁式动作技能两种[3]。

（1）开放式动作技能

开放式动作技能是指在变化和不可预见的环境中执行的运动动作，如球类比赛进攻和防守运动员的动作，以及摔跤、柔道、跆拳道、拳击等格斗项目运动员的遏制和反制对手的技术动作。在这些情况下，运动员难以预见对手将采用什么

---

[1] 张英波. 动作学习与控制 [M]. 北京：北京体育大学出版社，2014.
[2] 张英波. 动作学习与控制 [M]. 北京：北京体育大学出版社，2014.
[3] 王健. 运动技能与体育教学 [M]. 北京：北京体育大学出版社，2009.

样的战术性动作，则无法预见下一步要做出什么样的反应动作。

（2）闭锁式动作技能

闭锁式动作技能是指在稳定和可以预见的环境中执行的运动动作，如预先编排好的艺术体操动作、太极拳表演、短跑运动员在无人干扰的跑道上练习等。

开放式和闭锁式动作技能是两种极端的情况，绝大多数的运动技能都处于二者之间，并会随着环境变化而发生不同程度的变化。

开放式和闭锁式动作技能分类的重点在动作执行环境上，对于更接近闭锁式动作技能一端的动作技能，如高尔夫球、保龄球运动，是环境等待人的动作参与，练习者能够预先评估环境要求，在没有时间压力的条件下组织动作，也不需要做出任何的突然调整就可以完成动作；而对于更加接近开放式技能一端的动作技能，如网球运动员的对打，以及篮球和足球运动员的攻防转换等，运动员必须利用感知觉能力，将感觉信息分类处理，再决定做出适应性反应动作，通常要求运动员对周围瞬息万变的环境做出快速的反应。

4. 以动作技能完成是否连贯分类

可将动作技能分为连贯动作技能与不连贯动作技能。连贯动作技能是指完成动作时连续、有序的依次完成，如长距离跑步、竞走等长时间周期性项目即属于连贯动作技能；不连贯动作技能是指完成动作存在一定的时间间隔，如射击、射箭等则属于不连贯动作技能。

二、运动技能概念与内涵

（一）运动技能

国内外学者对运动技能的概念有比较深入的研究，并且解释也不尽相同，其中Magill 认为："运动技能是习得的，能相当精确执行且对其组成的动作很少或不需要有意识注意的一种操作。"[1] Schmidt 等人则是将其定义为："完成动作所需要的一系列身体运动的知识和进行那些运动的能力。"[2]加涅则是将其定义为："协调运动的能力，分别从进行运动的规则和进行练习的肌肉运动两个方面进行阐述。"

---

[1]Magill R A. Motor learning: Concepts and applications [M]. 8th ed. New York: McGraw-Hill. 2006.
[2]Schmidt, Richard A, Wrisberg, et al. Motor Learning and Performance [M]. Champaign, IL: Human Kinetics, 2007.

我国学者也对运动技能的概念进行了研究，如张洪潭认为："运动技能不是运动技术和能力的简单相加，而是锻炼者掌握运动技术程序化知识的操作状态。"[1] 王健认为："运动技能狭义的概念是个体或群体通过反复的练习对其从事体育运动行为的潜能进行整合的过程，广义来说是个体或群体从事各种身体活动过程的总称。"[2]

查阅体育专业主干课程的教材、专著等相关资料，发现《课程标准》中将运动技能定义为："在体育运动中有效完成专门动作的能力，包括在神经系统调节下不同肌肉群协调工作的能力。"体育院校通用教材的定义："运动技能是指人体在运动过程中掌握和有效地完成专门动作的能力。"

运动技能又称"动作技能"，指人体运动中掌握和有效完成专门动作的能力，包括大脑皮质调节下不同肌肉群间的协调性，即指在空间内正确运用肌肉工作的能力[3]。按条件反射学说的观点，是一种复杂的一个动作连接一个动作的肌肉所感觉的运动条件反射，它的形成要经历肌肉感觉不明、分化、巩固稳定和自动化的过程，而这几个过程前后相关联，在运动条件反射形成过程中逐渐过渡。运动技能的形成和发展受多种因素的影响，如教学训练的方法、运动员的训练程度、学习目的性与自觉积极性，以及身体健康程度[4]。

(二) 运动技能的特征

第一，运动技能是后天习得的一些简单的或不随意的外显肌肉反应，如人的眨眼或摇头动作不属于运动技能，只有那些后天习得的，并能相当持久地保持下来的动作活动方式才属于运动技能[5]。

第二，运动技能在时空结构上具有不变性。从运动技能的外部结构来看，是由若干动作按一定的顺序组织起来的动作体系，任何一种运动技能都具有在时间上的先后顺序和一定的空间结构。动作的顺序性是不变的，如原地推铅球这一运动技能，从持球、蹬腿、转体到最后出手用力的动作顺序是不变的；动作的空间

---

[1] 张洪潭. 技术健身教学论 [M]. 上海：华东师范大学出版社，2000.
[2] 王健. 运动技能与体育教学 [M]. 北京：北京体育大学出版社，2008.
[3] Magill, R. A. Motor learning: Concepts and applications [M]. 8th ed. New York: McGraw-Hill. 2006.
[4] 张厚璨，周容，陈帼眉，等. 中国儿童发展量表（3~6岁）手册（城市版）[M]. 北京：教育科学出版社，1992.
[5] Piek J P, Dawson L, Smith L M, et al. The role of early fine and gross motor development on later motor and cognitive ability [J]. Human Movement Science, 2008, 27 (5): 668-681.

结构也具有稳定性,如篮球的运球动作这种空间结构,有时幅度大些、有时幅度小些,有时节奏快些、有时节奏慢些,在运球的基本样式保持不变的前提下,通过变量因素的变化来完成动作。

第三,运动技能的运用主要由任务执行人主动发起,它主要由当前的任务所带动,当任务需要时才表现出来某种运动技能。如篮球场上带球的队员是进行运球、传球或者投篮,是依据在比赛场上的任务需要而决定的。

第四,运动技能自动化程度是通过反复练习,从低层次的感知系统与运动系统的协调关系向高层次的协调关系发展,最终达到高度自动化和完善的熟练程度。熟练程度越高的运动技能,越能自动化地、轻松敏捷地完成。如单手肩上投篮,随着熟练程度的提高,投篮的技能越完善,投篮的命中率越高,并且意识的参与和控制的程度越少。

三、体操类项目相关概念与内涵

(一) 体操类项目

是所有涉及体操动作的项目总称,包括竞技体操、健美操、艺术体操、蹦床、啦啦操、徒手体操、队列队形等操化类技术动作[1]。

(二) 体操类动作

体操是所有体操类项目的总称,动作中既有动力性动作,又有静力性动作,指符合人体运动的科学原理,建立在人体解剖学、生理学、心理学和生物力学的基础上,能够充分发挥身体潜在能力,合理有效完成体操动作的方法。体操包括平衡类、旋转类、支撑类、悬垂类、抛接类、平衡类、移动类、跳跃类、攀爬类、滚翻类十大类动作。

(三) 体操类项目特征

体操类项目在久远的发展历史中积累了人类生存与发展的宝贵精华,蕴含着丰富的内涵,形成了与其他运动项目不同的特征。

1. 体操类项目练习内容的丰富性

体操类项目总体上由三种活动方式组成:一是人体自身的身体练习,如自由

---

[1] 夏征农. 大辞海·体育卷 [M]. 上海:上海辞书出版社,2008.

体操、技巧、健美操等；二是操作器械的练习，如艺术体操的球、棒、带等；三是在一定器械上完成的各种练习，如单杠、双杠、吊环等。

2. 体操类项目练习方法的多样性

体操类项目的练习内容丰富，其练习的方法也是多种多样的，可以根据需要对练习的幅度、速度、力量、方向、顺序等要素进行变化与调节，也可以通过改变练习时的身体姿势来改变练习方法。

3. 体操类项目表现形式的优美性

体操类项目是一项极具表演性的体育项目，在体操项目长期的发展过程中积淀了丰富的展现人体形态美、韵律美的演示方式，长期进行体操项目的练习，能够提高练习者对美的追求，从而养成优雅的举止和塑造健美的体形。

4. 体操类项目发展的协同性[1]

体操类项目具有悠久的历史，在其漫长的发展过程中，与人类生存发展密切相关的动作得到提炼与升华，得到大家的继承与传承，在发展过程中，又不断得到创新，从而促进了体操类项目更好地发展。

第二节　儿童动作技能发展的特征

一、儿童动作技能发展序列

人类动作发展研究中三个常见而重要的术语是发展、生长和成熟[2]。发展一般指人们一生中所经历的变化，无论是动作、智力，还是其他方面的变化。发展与生长和成熟紧密相连。由于生长是指身体的物理变化也可以说是结构性的，是就人的身体结构来说的，是可以进行量化的，因此，生长一般特指为身高或体重等能够明显进行量化的变化，表现为身高增高，体重增加等现象[3]。

识别动作技能发展的序列是一个判断基本动作技能是否形成的常用方法，其中包括整体序列和部分序列两种方法。

---

[1] 邵斌, 黄玉斌. 体操 [M]. 北京: 人民体育出版社, 2014.
[2] 白爱宝. 幼儿发展评价手册 [M]. 北京: 教育科学出版社, 1999.
[3] 陈时见, 何茜. 幼儿园课程的国际比较 [M]. 重庆: 西南师范大学出版社, 2011.

研究人员长期使用这种方法描述一些具体动作技能，如跑步的典型行为模式。使用整体序列法描述同时出现在多数儿童身上的一般特征，或是采用部分序列法描述出现在胳膊、躯干或腿等特定身体部位的特殊特征，这两种方式都可用于识别动作技能的典型行为模式，研究者将这些典型的模式按照发展的序列进行排列，从而得出特定动作技能发展的序列。这种方法关注的是动作技能的形式或行为模式质的变化，而非在距离、速度和时间上量的变化。

最初在没有对动作技能发展进行研究之前，动作技能发展的序列被认为是线性的，即动作技能由不成熟、低效率的阶段发展到成熟、高效的阶段。当模型是线性的时候，动作技能发展阶段的转变意味着，儿童以一种可以预测的方式改变其行为模式，图2-2描述了动作技能发展的整体观点的图示，每种基本动作技能的发展序列用箭头表示，从最不成熟到逐渐成熟的发展方向，按照这个序列，每个阶段都包含一定的共同特征，在此基础上再继续向前发展，两个阶段之间的空隙代表儿童动作技能从较低阶段向较高阶段发展的时间。儿童动作技能表现会逐渐呈现为下一个发展阶段，整体序列法提供了一种快速将动作技能模式进行分类的方法[1]。

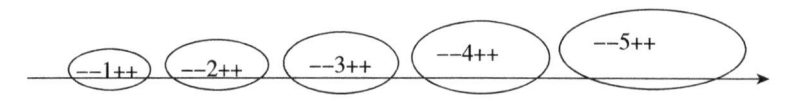

图2-2　动作技能发展整体序列法概念图[2]

另一种确定儿童动作技能发展的方法为部分序列法，在具体实施中，身体不同部位的发展序列，与整体序列法在确定动作技能发展的方法和结果上都稍有不同，图2-3提供了一个用部分序列法分析动作技能发展的概念模型，在这个方法中，某个动作技能发展阶段的特点由身体的各个部位决定，并且这些特征可以用多种方式结合起来以反映全身的特征。一个儿童的动作技能发展水平可以表现为AKQ的组合模式，而另一个儿童的动作技能则可能表现为BLR的组合模式。部分序列法提供了详细描述身体某个部位随时间发展变化的特征，同时也描述了身体各个部位之间是如何紧密联系的。

---

[1]Greg Payne，耿培新，梁国立. 人类动作发展概论［M］. 北京：人民教育出版社，2008.
[2]Greg Payne，耿培新，梁国立. 人类动作发展概论［M］. 北京：人民教育出版社，2008.

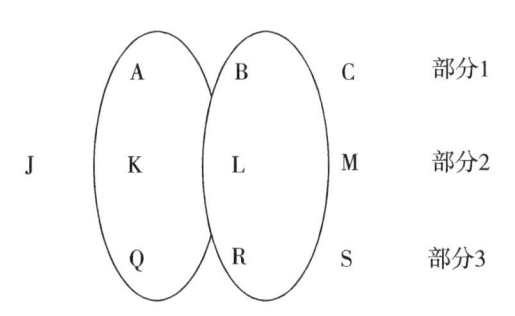

```
    A   B   C        部分1

J   K   L   M        部分2

    Q   R   S        部分3
```

图2-3 动作技能发展部分序列法的概念图①

整体序列法和部分序列法都能够提供准确动作技能模式的信息，用以识别儿童动作技能的获得和精细化。经过长期研究发现这两种方法的相似程度远远大于其相异程度，如用部分序列法观察基本动作技能所得到的最一般化的特征综合图，相当于用整体序列法观察基本动作技能在全身某个特定阶段的特征图，也就是说，把基本动作技能在上肢、躯干和下肢的发展特点综合在一起，是与基本动作技能在全身所表现出的特点高度吻合的，这两种方法用于评价动作技能变化发展的轨迹都是行之有效的。在某些情况下，如研究高水平运动员学习某种特定运动技能时，部分序列法对于分析在此过程中运动员所呈现出来的所有动作特征来说是最好的方法。在教学与训练实践中，用整体序列法评价儿童动作技能的发展则是简单易行的。虽然动作技能发展的序列模型可以为动作技能发展提供有价值的信息，但它存在两个缺陷：首先，这些线性模型无法解释任务改变时，如动作目标由远投改变为投准时，动作技能发展可能会出现停滞甚至是退步的情况；其次，这些模型并不能解释动作技能发展模式变化的过程，动态系统理论拓宽了对动作技能发展模式的理解，并且提供了一个理论框架以发现和分析影响模式转变的潜在因素。

二、儿童动作技能发展的敏感期

儿童每项动作技能的发育与发展都有其"关键期"。"关键期"也称"敏感期""临界期""开窗期"，是指特定技能、行为和能力发展的最佳时期②。在这一时期内，是儿童习得某种行为和技能的大好时机，如果在这一时期内，对儿童

---

①Greg Payne，耿培新，梁国立. 人类动作发展概论[M]. 北京：人民教育出版社，2008.
②黄燊. 体操[M]. 北京：高等教育出版社，2000.

进行适当合理的训练，提供适当的发展条件，就会大大促进儿童这方面技能的发展，相反，如果错过了这一时期，则会事倍功半。人体所具备的身体素质和技能在不同时期的发展是不相同的，在这段时期所对应的身体素质能力发展相对迅速。身体基本动作技能发展的敏感期大多集中在儿童时期，如果在敏感期，相应的身体素质和动作技能没有得到应有的发展，在未来的发展中，该项身体素质和动作技能将很难达到理想的水平。对于任何的儿童少年来说，在其敏感期发展相应的身体素质和动作技能对日后高难运动技能的掌握将起到至关重要的作用[1]。

研究发现基础动作技能发展和高层次动作技能进阶或者复杂的体能活动有高度关联的关系，且体能活动与儿童的基础动作技能有显著的相关性，基础动作技能发展好的儿童，更愿意参加体育活动，且在体育活动中表现也较好，而基础动作技能发展较差的儿童，其在体能活动中表现出自信心较弱，且参加体育活动的动机与欲望也较低。

3~5岁是儿童成长过程中最独特、最重要的时期，也是发展基础动作技能的重要时期，随着发展深入，慢慢延伸至较复杂的肢体动作技巧，有学者提出基础动作技能的最佳发展时期为3~7岁，且基础动作技能是发展复杂动作技能的基础，熟练的基础动作技能可以促使儿童成功参与运动及其他体育活动。

3~4岁儿童单脚站立至少5秒，单脚可以向前跳1~3步，在没有帮助的情况下双脚蹦跳可以上下楼梯，可以向前踢球，将球扔出手，多数情况下可以抓住跳动的球，能够灵活地前后运动，但是自控、判断和协调能力有待进一步提高；4~5岁儿童可以单脚站立10秒，单脚可以向前跳4~8步，熟练走10厘米宽的平衡木，熟练完成摇摆和攀爬动作，能跳过20厘米的高台；5~6岁儿童能协调身体的基本动作，单脚可以向前跳8~10步，跳远、攀爬和平衡能力得到加强，能够跳过30厘米的高台。

台湾教育部门强调3~7岁是学龄前儿童熟练掌握基础动作技能和未来更好发展各种运动技能的关键期，7岁以后是儿童学习和掌握高难度动作的时期[2]。学龄前儿童所需要的动作技能较多，其中主要包括投球、踢球、接球等动作技能，以及简单的走路、跑步、滑步、单双脚跳跃等动作技能，因此具备良好的基础动作技能有助于儿童在小学、初中、高中以致成人阶段能更好地发展复杂的运动技能。

---

[1] 赵刚. 南京市小学生体操类基础动作技能发展水平与评价研究 [D]. 南京：南京师范大学，2012.
[2] 胡名霞. 动作控制与动作学习 [M]. 新北市：金名图书有限公司，2009.

第三节 基于体操类动作儿童动作技能内容的分类与生物学特征

一、基于体操类动作儿童动作技能内容的分类

体操项目动作按照不同的划分标准，可以有多种分类方式[1]。按照人体结构进行划分，可将体操项目动作划分为上肢练习、下肢练习、躯干练习、头颈练习及全身练习等；按照身体素质进行划分，可将体操项目动作划分为速度练习、力量练习、耐力练习、柔韧练习、灵敏练习等；按照教学目的的不同进行划分，可将体操项目动作划分为掌握运动项目技能练习、发展身体素质练习、提高基本活动能力练习、进行安全教育练习、培养行为规范的体态练习等；按运动项目进行划分，可将体操项目动作分为竞技体操、健美操、艺术体操等；按练习的功能进行划分，可将体操项目动作划分为健身体操、表演体操、医疗体操、娱乐体操、游戏体操等；按使用器械的不同进行划分，可将体操项目动作划分为自由体操、单杠、双杠、跳马、鞍马、平衡木、高低杠、健美操、艺术体操等；按练习形式进行划分，可将体操项目动作划分为徒手练习、轻器械练习、器械练习等；按人体基本活动能力进行划分，可将体操项目动作划分为移动类技术动作、跳跃类技术动作、悬垂类技术动作、攀爬类技术动作、翻滚类技术动作、支撑类技术动作、抛接类技术动作、负重类技术动作、平衡类技术动作、旋转类技术动作等。

体操类动作与人体动作技能发展关系最为密切，人类生存所必需的运动技能中体操项目所占的比重最大，体操项目动作技术是与人类自然生长活动最相近的运动项目。尤其是3~6岁这一阶段，体操项目动作技术与儿童动作技能契合度非常高[2]，儿童的基本身体活动能力中走、跑、跳、攀登、爬钻、翻滚等基本能力[3]，与体操项目中移动类、跳跃类、悬垂类、攀爬类、翻滚类、抛接类、平衡类、旋转类、支撑类、钻越类十种技术动作内容关联度高，关系密切。

参考以往研究，依据分类学的标准，将体操类技术动作和儿童动作技能发展相结合，将体操项目动作分为非位移性动作技能和位移性动作技能两大类，其中

---

[1] 孙萍，黄俊亚. 我国青少年艺术体操运动技能等级标准构建理论研究 [C]. 2015第十届全国体育科学大会论文摘要汇编（二），2015.11.
[2] 赵刚. 南京市小学生体操类基础动作技能发展水平与评价研究 [D]. 南京：南京师范大学，2012.
[3] 刘晓凤. 南京市初中生体操类基础动作技能发展水平评价方法研究 [D]. 南京：南京师范大学，2014.

非位移性动作技能包括平衡类动作技能（静态）、旋转类动作技能、支撑类动作技能、悬垂类动作技能、抛接类动作技能五类，位移性动作技能包括平衡类动作技能（动态）、移动类动作技能、跳跃类动作技能、攀爬类动作技能、翻滚类动作技能五类，具体技术动作内容如表 2-1 所示。

表 2-1 3~6 岁儿童动作技能发展体操类动作分类表

大类	子类	动作举例
非位移性动作技能	平衡类动作技能（静态）	单脚站立、单腿闭眼站立、体操垫坐平衡、平衡垫双脚蹲平衡、平衡垫坐平衡、体操凳坐平衡、平衡垫双脚站立、平衡垫单脚站立、燕式平衡等
	旋转类动作技能	双脚平转、单脚平转等
	支撑类动作技能	双手对墙支撑、跪地俯卧撑、仰撑、俯卧撑、单杠支撑、双杠支撑、手倒立等
	悬垂类动作技能	单杠悬垂、双杠悬垂、挂肘悬垂、挂臂悬垂、膝勾悬垂等
	抛接类动作技能	双手掷体操球（地滚）、双手接沙包、单手掷沙包、双手接体操球、双手抛体操球、单手下手抛体操棒、单手上手抛体操棒、背身后抛体操棒等
位移性动作技能	平衡类动作技能（动态）	体操凳爬行、平衡木爬行、体操凳蹲走、体操凳侧向移动、体操凳向前行走、平衡木行走、体操凳后退走、旋转后走直线 10 米等
	移动类动作技能	20 米直线跑动、10 米后退跑、圆形跑、弧线跑、折线跑、前滑步、侧滑步等
	跳跃类动作技能	双脚跳（不摆臂）、双脚跳（摆臂）、单脚跳（不摆臂）、单脚跳（摆臂）、旋转跳、纵跳、跨步跳、立定跳远等
	攀爬类动作技能	手膝着地向前爬行、手脚着地向前爬行、匍匐爬行、推小车、爬肋木、爬绳梯等
	翻滚类动作技能	小摇篮、平躺滚（全身滚动）、单臂滚、抱头屈膝自然滚、前滚翻、后滚翻、单杠前翻上等

二、不同类型动作技能的生物学特征

非位移性动作技能主要指在进行有意识的动作练习时，身体不发生位移变化，如静态平衡和旋转、支撑、悬垂、抛接等五类动作技能；位移性动作主要是在进行有意识的动作练习时，身体发生了前后、左右、上下等方位的位移变化，如动态平衡、移动、跳跃、攀爬、翻滚等五类动作技能，对其具体的生物学特征进行分析。

(一) 平衡类动作技能生物学特征

平衡能力是人类身体的基本素质，是指在不同的环境情况下维持自身稳定性的能力[1]。人从出生开始就一直利用各种身体动作维持身体平衡，保持全身处于稳定状态，可以说人完成所有动作都是在抵抗破坏平衡的外力、维持身体平衡的状态下进行的。不管是大肌肉的活动还是小肌群的协调运动都需要较好的平衡能力才能胜任。其作用对于维持身体的各种姿势，提高运动能力、预防损伤的发生，以及对外界干扰产生适宜反应都有着积极的作用[2]。儿童进行平衡动作练习有利于提高运动器官的功能和前庭器官的机能，改善中枢神经系统对肌肉组织与内脏器官的调节功能，所以平衡能力的研究对于国民体质监测、运动选材及平衡能力训练等都具有重要意义[3]。

人体平衡能力可以划分为静态平衡能力和动态平衡能力两种形式[4]。静态平衡能力是指维持人体重心与姿势，使人体处于相对静止状态的能力，使人体尽量保持站立、坐、躺、倒立等姿势不动，但这种不动是相对的，实际上人体在保持静止姿势时身体的重心始终绕着自身的平衡点不停地晃动，它是自我意识无法控制的，这种晃动被定义为生理性姿势动摇[5]。动态平衡能力是指在运动状态下，人体对自身重心和姿势的调整和控制能力。人体的动态平衡能力涉及人体生理学中感受器的敏感程度、感受信息的导入途径、中枢神经的整合和骨骼肌的反馈等综合性能[6]。

影响平衡能力的因素主要包括人体自身因素、力学因素及运动训练对人体平衡能力的干预因素等。

人体自身因素对平衡能力的影响主要是由感觉系统（视觉、躯体感觉和前庭

---

[1] 田霞. 平衡能力的影响因素 [J]. 内江科技, 2010, 31 (7): 24.
[2] 南登昆. 康复医学 [M]. 北京: 人民卫生出版社, 2004.
[3] 万兴臣. 循环练习法在初中男子篮球队训练中的应用研究 [D]. 长春: 东北师范大学, 2006.
[4] 马俊杰. 体操练习对学前儿童平衡能力发展的影响 [J]. 上海体育学院学报, 2001, 25 (2): 67-71.
[5] 黄翠. 14～18岁少年静态平衡能力评价系统的初步构建 [D]. 石家庄: 河北师范大学, 2009.
[6] Woolfolk A. 教育心理学 (第十版) [M]. 何先友, 译. 北京: 中国轻工业出版社, 2008.

觉等)、中枢神经系统和运动控制系统三者共同协作完成[1]。人体在平衡发生变化时,通过三种调节机制进行应变,一是踝关节调节机制,指人体站在稳定支撑面上,受一个较小的外界干扰,或站在不稳定支撑面上,身体质心以踝关节为轴进行前后的摆动,调整质心,维持身体平衡;二是髋关节调节机制,指人体站在小双足面积的支撑面上,受到外界干扰时,稳定性降低,身体前后摆动幅度增大,为使身体质心回到人体可控范围内,通过髋关节的屈伸调节身体的质心以维持身体平衡;三是跨步调节机制,当外力干扰过大时,身体晃动的幅度明显增大,质心超出自身稳定极限,踝关节和髋关节的调节机制无法应对时,人体立即启动跨步调节机制进行跨步移动,使身体质心回到人体可控范围内,重新建立平衡[2]。

人体平衡除了受人体自身因素的影响外,还受一些力学因素的影响,如人体与地面或物体的接触面积、支撑面的大小和支撑面的稳定性。重心是维持身体平衡的另一个重要影响因素,是人体全部环节所受重力的合力的作用点。维持身体的平衡,即要保持人体重心在支撑面的范围内。人体的重心不像物体的重心那样恒定在一个点上,它受很多因素的影响。在体育运动中,人体重心会随着人体姿势变化而发生变化,有时甚至会移出体外,如体操中的动作"桥",背跃式跳高的背弓过杆动作等。稳定角对于维持人体的平衡也具有重要的作用,稳定角是重力作用线到支撑面边缘的距离,重力作用线同重心与支撑面相应边界的连线之间的夹角越大,稳定性越好,反之,稳定性就越差,如蹲踞式起跑中的"预备"姿势,运动员在预备时将重心抬太高并前移,这个动作就是为了减小前进方向的稳定角,以便快速破坏平衡[3]。

人们对人体平衡能力的干预主要是通过运动训练的方式进行的,是建立在对人体平衡影响的内部因素和外部因素充分了解的基础上实现的[4]。在发展人体平衡能力时可通过利用人体支撑面的大小变化、支撑面的稳定性变化、人体重心变化、稳定角的变化,以及视觉变化等相关因素的变化进行训练,通过对人体下肢肌力、关节稳定性和身体姿态的训练,提高人体的平衡能力。

肌力指肌肉主动收缩所产生的力量,是人体维持姿势和完成动作,即一切生

---

[1] 恽晓平. 康复评定学 [M]. 北京:华夏出版社,2004.
[2] 杨雅琴,王拥军,冯涛,等. 平衡评价量表在临床中的应用 [J]. 中国康复理论与实践,2011,17(8):709-712.
[3] 杨桦,李宗浩,池建. 运动训练学导论 [M]. 北京:北京体育大学出版社,2007.
[4] Roessger K M. Toward an Interdisciplinary Perspective: A Review of Adult Learning Frameworksand Theoretical Models ofMotor Learning [J]. Adult Education Quarterly,2012,62(4):371-392.

理活动所必须具备的。维持人体平衡姿势是依靠人体神经系统控制下,由肌肉骨骼来完成自我调控平衡的过程。人体在调节身体平衡过程中,将参与完成调节活动的肢体连成一个"链",参与动作完成的身体每一个部分都是链上的一个环节。这些环节包括人体的踝、膝和躯干的核心区域,人这些部位强有力的肌群使其在维持机体平衡过程中发挥着重要的作用。很多研究证实,肌力的增强对人体的平衡能力有显著的影响。

(二)旋转类动作技能生物学特征

从运动生理学角度分析,体操的转体动作是人凭借听觉与视觉、本体感觉和前庭感觉的共同参与、综合分析来感知与控制的技术动作,这些感官能够准确地感知空间位置、协调动作的节律和速率,对保持身体平衡具有重要的作用。其中,前庭感觉是由前庭器官来完成的,由内耳膜迷路中椭圆囊、球囊和三个半规管构成,是专门的位觉与平衡器官,它在感受人体在空间的体位变化、直线运动和旋转加速度的变化,以及保持人体平衡等机能上起着极为重要的作用[1]。

前庭器官的不同部分有不同的适宜刺激,椭圆囊与球囊内的囊斑的适宜刺激为耳石重力作用与直线运动的加减速度,而半规管中壶腹嵴毛细胞的适宜刺激才是旋转运动的加减速度[2]。

体操的转体动作主要是旋转动作,旋转训练实质上训练半规管的适应性。其生理学机理是,当旋转开始或旋转停止时,内淋巴因惯性而流动,冲击终幅使之弯曲,从而刺激毛细胞,产生神经冲动,经前庭神经传入中枢。如果旋转以等速持续进行下去,内淋巴本身也获得了与半规管相同的旋转速度,毛细胞就不再受到刺激。正是由于人体有这种感受器,才能感知身体位置的各种变化,并借助于各种反射来调节肌紧张,以保持身体的平衡。

由刺激前庭感受器产生神经冲动引起机体的各种前庭反应的程度,叫作前庭器官的稳定性。前庭器官稳定性较好的人,在前庭器官受到刺激时所发生的反应就弱,也可以说,前庭器官稳定性好的人,他们的前庭器官耐受刺激的限度较大。从训练学的角度来讲,对艺术体操转体动作的专项训练,就是要提高运动员

---

[1] 李世明,金季春. 艺术体操转体的多种运动技能及系列训练仪器的研制 [J]. 中国体育科技,2005,41(5):48-50.
[2] Fu Y, Hannon J C. Predictors and Trends of Gross Motor Skill Performance in AT-riskelementary School-aged Children [J]. Perceptual & Motor Skills: Physical Development & Measurement,2015,121(1):284-299.

前庭器官的稳定性,即提高运动员对于转体动作的生物适应性[1]。

对旋转类动作进行分析,要从以下三个方面入手:一是蹬地动作,二是手臂挥摆动作,三是旋转时的支撑。

旋转轴是旋转动作的基本特征,在本质上是旋转动作的技术和结构分析的重要部分,所有旋转动作技术的完成及其动作质量的高低都与旋转轴关系密切,对于体操的转体动作,特别是对艺术体操来说,身体沿垂直轴旋转是一种主要形式,但在某些特殊运动形式的练习中,旋转的方向、时间,以及旋转轴的改变等,都会影响旋转动作的完成[2]。

旋转动作根据支撑部位的变化,可以分为正常支撑和非正常支撑两类。正常支撑旋转,可以分为双脚支撑和单脚支撑,同时可以进一步分为全脚掌、脚尖、脚跟三个部位的支撑;非正常支撑部位根据支撑点变化可以分为手部、膝部、臀部、背部、腹部的旋转。根据旋转要素结构变化,从旋转轴、旋转方向、旋转速度、旋转幅度等方面进行划分,旋转轴可以分为纵轴和混合轴,旋转方向可以分为外侧方向和中心方向,旋转速度可以分为变速和定速,旋转幅度可以分为小于360度、360度、大于360度。

旋转过程中姿势的改变是多样的,并带有不同程度的复杂性,这些姿势的改变首先体现在旋转的顺序上,即从准备动作、基本动作、实现动作到结束动作的顺序,并且旋转动作姿势结构的改变是人体根据动作表现的需要来决定的[3]。

(三) 支撑类动作技能生物学特征

支撑类动作是指人体肩轴高于器械轴并对握点产生压力的一种静止动作,是器械体操练习的基本动作之一[4]。

在体操运动中,当人体撑于器械或地面时,主要接触器官其近端相邻的环节或者近端环节,或主要接触部位到该环节近端的一段环节受到纵向压缩力。如果无纵向受力,人体重心在支点上方的人体器官承重性质,或是具有该性质(不包括无纵向受力情况)的最基本姿势。

---

[1] Claudia E, Bosscher R, Peter B, et al. Gross motor performance and physical fitness in children with psychiatric disorders [J]. Developmental Medicine Child Neurology, 2011, 53 (2): 150-155.
[2] 李世明,金季春. 艺术体操转体的多种运动技能及系列训练仪器的研制 [J]. 中国体育科技, 2005, 41 (5): 48-50.
[3] 黄燊. 体操 [M]. 北京: 高等教育出版社, 2000.
[4] 文岩. 幼儿体操教程 [M]. 北京: 人民教育出版社, 2012.

人体承于器械或地面时，必然有接触器官，并且通过接触器官或接触部位对器械施以压力。那么，接触器官或者接触部位邻近的有关环节必定会因体重而受力。它们的受力状态，是支撑类动作赖以完成的条件。

支撑类动作可以根据不同的特征进行分类，按支撑接触点的变化，支撑类动作可分单纯支撑和混合支撑两类，单纯支撑是指练习时仅用手臂接触器械进行的支撑；混合支撑是指用手和身体的一部分同时支撑器械。按动作完成的姿态分为直臂动作和屈臂动作，直臂动作还可以进一步分为直臂直体、直臂屈体及双手倒立、单手倒立及平板支撑等动作；屈臂动作也可以进一步分为屈臂屈体、屈臂直体等动作。按完成动作的性质不同，可以分为静力性动作和动力性动作，静力性动作是指在完成动作时身体保持静止状态，如手倒立、肩肘倒立、单杠支撑等；动力性动作是指在完成动作时身体处于运动状态，如单杠支撑摆动，双杠支撑摆动等。

（四）悬垂类动作技能生物学特征

悬垂类动作是体操项目器械练习时最基本的开始姿势之一[1]，指人体肩轴低于器械轴并对握点产生拉力的一种静止动作。"悬垂"有吊挂、挂下之意[2]，即物体一端承于支点，另一端不固定，因重力作用而自然垂下的状态。器械体操中典型的悬垂性动作在形态上应符合这一特征，如单杠和吊环运动中最基本的悬垂动作，手像两把钩子握住单杠或吊环，人体自然垂下，这是典型的悬垂性动作。运用运动生物力学的观点分析，该动作在一般情况下，除了接触器官中的指骨以外，上肢的环节均受到因体重而产生的纵向牵张力。由于躯干和腿的悬垂，人体重心位于支点下方。

悬垂类动作进行锻炼时，不仅需要双手抓握器械，还需要全身运动配合。如悬垂时下肢自然放松，腹肌及腰背肌则呈现一定的紧张收缩，以使躯体保持一种协调状态。因此，看似简单的悬垂锻炼，实际上也是全身活动，即全身的大肌群均参与活动，对促进身体协调、增进机体反应能力均有益处。

在体操运动中，人体承于器械（或地面）时，必须接触器械才可以实现与器械之间的承受与被承受的关系[3]。人体直接接触器械的部位，在此称为接触部

---

[1] 夏征农. 大辞海·体育卷 [M]. 上海：上海辞书出版社，2008.
[2] 陈云开. 体操理论中的"支撑"与"悬垂"定义辨析 [J]. 上海体育学院学报，1996，20 (2)：6-10.
[3] 邵斌，黄玉斌. 体操 [M]. 北京：人民体育出版社，2014.

位，具有接触部位的器官称为接触器官。人体的接触部位或接触器官承受着人体重量，依据承受体重的程度，接触器官和接触部位有主次之分，即承受全部或相对较多体重的器官或部位为主要接触器官或主要接触部位，其余则为次要接触器官或次要接触部位。当只有一种或一个只器官接触器械时，该器官就是主要接触器官，如单杠悬垂，既可以双手握杠，也可以单手握杠，握杠的双手或单手就是主要接触器官。当有两种或两种以上器官接触器械时，承受相对较多体重的器官就是主要接触器官，其余则为次要接触器官，如单杠挂膝混合悬垂，手和腘窝都是接触器官，一般情况下腘窝承受的体重相对较大，因此腘窝就是主要接触器官，手则为次要接触器官。

悬垂类动作根据接触器械的不同可以分为单纯悬垂和混合悬垂，单纯悬垂指只用手悬垂于器械的动作，如单杠、双杠、吊环等器械的悬垂动作；混合悬垂指手和身体的一部分同时悬垂于器械的动作，如单挂膝悬垂、双杠挂臂悬垂、挂肘悬垂等。根据完成动作使用器械的不同，可以分为单杠、双杠、吊环等。根据完成悬垂动作身体状态的不同，可以分为静止类和摆动类两种形式，静止类悬垂动作是指完成动作时身体保持静止，如单杠悬垂、单杠悬垂举腿等；摆动类悬垂动作是指完成动作时身体处于非静止状态，如单杠悬垂摆动、双杠悬垂摆动等。

（五）抛接类动作技能生物学特征

抛接类动作是日常生活中很实用的动作技能，同时也具有较高的锻炼价值[1]。3～6岁儿童通过多种形式的抛接类活动，能够有效增强上肢、腰背等部位的肌肉力量，对上肢的各个关节部位和肌肉起到充分的锻炼作用，同时能够提高其柔韧性，促进儿童动作完成的准确性、协调性，以及视觉运动能力的发展。

抛接类动作属于非周期性动作，按其动作特征可分为抛投和接两种动作形式，其中抛投类动作按落地位置的不同可分为投准和投远两种。对于儿童来说，抛接动作的形式非常多，如肩上投、胸前上抛、胸前下抛及抛地滚球等[2]。

投远又称掷远，其目的是要将投掷物尽可能投得远一些，如投掷铅球、标枪等，这一动作属于速度力量型动作。在进行投掷练习时，需要用力投掷，在完成动作的过程中，要主要控制挥臂、甩腕这一关键动作，要善于合理地利用上肢及腰背等部位的肌肉力量，从动力学角度进行分析，在挥臂、甩腕时，动作完成时

---

[1]刘馨. 学前儿童体育 [M]. 北京：北京师范大学出版社，2014.
[2]Greg Payne, 耿培新，梁国立. 人类动作发展概述 [M]. 北京：人民教育出版社，2008.

间要短，速度要快，才能获得较大的动量，从而获得较大的爆发力，才能将器械抛投得较远。由于抛投类动作远度的影响因素还包括出手角度与出手时机两类因素，因此要想获得较好的远度，还需要控制出手角度和出手时机，这将关系到抛投物行进的方向与远度。投掷物出手早，角度就大些，相反，出手晚，角度就小些，这些因素都会影响抛投的距离。因此，需要通过调整和控制出手的时机才能达到理想的出手速度，从而获得理想的抛投远度。

投准又称掷准，要求尽可能将投掷物击中指定的目标，如篮球的投篮等，投准动作不仅对力量素质具有一定的要求，同时还需要具有良好的目测能力及动作的准确性，因此投准动作相对投远动作难度更大。

对于3~6岁儿童来说，在日常生活中掌握了简单的抛接动作，如正面胸前抛、肩上投掷等动作，但是儿童抛投能力较差，抛投力量小，不太会挥臂，抛投器械出手角度过小，大多数情况下都是将器械向下扣和扔出去，并且对方向的控制也不稳定。3~6岁的儿童通过教师的指导和自身的练习，抛投类动作能力会有较好的发展，能逐渐学会抛投时需要的挥臂、甩腕等动作，能够比较协调有力地用上全身的力量，抛投距离也会有一定进步，对方向的控制也会有一定程度的加强。

由于儿童的目测能力和动作的准确性较差，因而儿童在投准的方向把握上不够准确和稳定，相对投远，儿童的投准能力发展相对较差。

（六）移动类动作技能生物学特征

走或跑是移动类动作的典型代表，是人们日常生活中最基本的活动能力，同时也是儿童进行身体锻炼活动的重要手段之一[1]。在完成走或跑的运动时，参与运动的部位非常多，能锻炼大量的肌肉，并且可以根据儿童的自身特点和年龄特征，安排不同强度和量度的走跑运动，以满足儿童运动的需要。让3~6岁儿童适当参加走或跑的运动，可以有效增强儿童腿部的肌肉力量、提高儿童的肺活量，同时也能够发展儿童的速度、灵敏及耐力等身体素质[2]。儿童在参加走或跑的活动中，还能积累有关时间与空间的经验，从而促进其时间知觉和空间知觉的发展[3]。

---

[1] Greg Payne，耿培新，梁国立. 人类动作发展概述 [M]. 北京：人民教育出版社，2008.
[2] 柴娇，杨铁黎，姜山. 开放情境下7~12岁儿童动作灵敏性发展的研究 [J]. 山东体育学院学报，2011，27（4）：60-65.
[3] 刘馨. 学前儿童体育 [M]. 北京：北京师范大学出版社，2014.

走和跑在许多方面是相似的，如都有平面支撑点的交换，都具有类似的周期型的动作重复，即一个复步为一个周期，左右脚各走或跑一步，都需要手与脚的协调配合来完成动作。走与跑的本质区别在于，二者分属不同的运动形式，走的过程中始终有一只脚与地面接触，而跑的过程中，两脚有一个同时离开地面的阶段，换句话说，跑步有腾空阶段，走没有腾空阶段。正是由于这个腾空阶段，加快了人体位移的速度，同时也增大了步幅，所以跑步动作通常要比走步动作位移快[1]。

跑的每一步可以具体分为脚着地的支撑阶段和两脚离地的腾空阶段，在支撑阶段中又包括落地与后蹬两个时期。跑步速度的快慢，主要取决于后蹬时期的动作，一般来讲，脚蹬地的力量越大，速度就越快，所获得的前进速度也就越快，因此要想跑得快，就应该注意用力蹬地和快速蹬地动作。

跑步时，正确的跑动姿势为上体保持正直并稍微前倾，要有蹬地、腾空阶段，快跑时会用力蹬地，脚落地时要轻，两手半握拳，两臂屈肘置于体侧，前后自然摆动。对3~4岁的学龄前儿童，虽已基本掌握了跑步的正确姿势，也有了明显的腾空动作，但是步幅小且不均匀，还偶尔会出现小碎步的现象，手臂摆动与腿部运动配合不合理；到4~5岁阶段，儿童上下肢已经能很好地配合，且有了比较明显的蹬地动作，跑步动作也比较轻松自然，但步幅仍然不大；到5~6岁阶段，儿童已经比较熟练地掌握跑步动作，上下肢与身体配合协调，跑动时节奏感比较好，步幅也比较大，对速度和方向的控制有了明显的提高。

（七）跳跃类动作技能生物学特征

跳跃类动作具有较强的实用价值，是儿童必须掌握的基本动作之一，对儿童的身体锻炼和后天学习高难度动作，以及形成终身体育意识具有重要的意义[2]。跳跃类动作包括很多种类，深受儿童喜爱。儿童通过参加多种不同类型的跳跃动作，可以增强腿部的肌肉力量，发展弹跳能力、爆发力，以及促进儿童身体的灵活能力、协调能力和耐力素质等，同时能够有效地促进儿童视觉运动能力的发展[3]。

跳跃类动作属于非周期动作。儿童跳跃动作包含多种多样的形式，有双脚

---

[1] 宁科，沈信生，邵晓军. 3~6岁幼儿移动性动作发展与感知身体能力关系的实证研究 [J]. 北京体育大学学报，2012，39（12）：74-81.
[2] Greg Payne，耿培新，梁国立. 人类动作发展概述 [M]. 北京：人民教育出版社，2008.
[3] 蔡幸真. 动作教育课程对幼儿移动性动作发展之研究 [D]. 台北：台北教育大学，2011.

跳、单脚跳、纵跳、立定跳、跨跳、侧跳等，无论是哪种形式的跳跃动作，都包含跳的基本特征，包括基本的动作结构，如蹬地、腾空和落地三个阶段。

儿童在很小的时期，甚至在幼儿时期就已经具有跳跃的基本意识，他们常常会在成人的怀里或地上做出快速地屈伸髋关节、膝关节的动作，有时也会出现一只脚离地，另一只脚做支撑和蹬伸动作，但由于幼儿腿部力量不足，达不到将身体蹬离地面的力量。学龄前儿童，腿部力量有所增加，能够完成简单的双脚起跳动作，但由于蹬地力量较小，手臂的摆动和脚部的蹬伸配合不好，动作的协调性较差，脚落地没有缓冲，表现很沉重。尤其在3～4岁小班阶段，儿童完成跳跃动作时，几乎全身都处于紧张状态，不能很好地跟进移动身体重心。随着儿童身体各方面的发展，幼儿园开展的增强身体素质的体育活动课，使其跳跃能力得到一定程度的发展，4～6岁儿童腿部力量有较大幅度的增加，能够比较协调地向前和向上纵跳，而且还学会了其他比较复杂的跳跃动作，如立定跳远、助跑跨跳等动作，特别是在落地方面有大幅度的提高，学会了基本的缓冲能力，能够很好地利用屈膝动作来完成身体的缓冲。

（八）滚翻类动作技能生物学特征

滚翻类动作是指躯干依次接触地面或器械，并经过头部翻转的动作[1]，是体操运动中常见的动作之一。有研究证明滚翻动作可以锻炼儿童的前庭器官[2]，前庭能力与眼部的抓视能力有密切的关系。前庭能力强，眼部的抓视能力就强，注意力就比较集中，反之则注意力较差，滚翻类动作对于促进儿童感觉统合能力发展也具有明显的作用，因此练习滚翻类动作能有效改善儿童的注意力障碍和感觉统合失调。

滚翻类体操动作是儿童动作技能发展锻炼价值和安全性都极高的技能发展内容之一，很受儿童的欢迎。有效地组织滚翻类教学，可以改善学生头与脚、手与躯干的有序配合，发展身体协调用力的能力，提高神经控制系统的灵敏性和内耳前庭器的功能。借助垫、箱、杠等器械完成的滚翻动作，是教学过程的主要内容和教学重点，熟练掌握练习方法对于儿童动作技能发展有特别重要的意义。滚翻是技巧运动最基本的动作之一，当面临危险需要自我保护时往往采用滚翻动

---

[1]夏征农. 大辞海·体育卷 [M]. 上海：上海辞书出版社，2008.
[2]乔昌胜，李祥. 体操滚翻动作对5～6岁儿童注意集中性影响的实证研究 [J]. 文体用品与科技，2017（7）：153-154.

作[1]，如让儿童学会"摔倒"或紧急状态下的应急处理措施，体现了体操动作学习对促进健康的意义。

滚翻类动作是动力性动作，既需要向前滚翻的动力，又需对身体及身体姿态的控制，同时滚翻动作是联合动作、成套动作的基础，是体操动作内容的精髓[2]。

滚翻动作类似于球的滚动，只有给球一个水平的动力，它才能滚动。如果连续不断的给球推动力，球就会不断的向前滚动，给球动力的过程就是使球产生动能的阶段。在滚动过程中，动能要不断克服摩擦力做功，使球停止运动。从物理学角度进行解释，克服摩擦力所做的功小于动能时继续滚动，克服摩擦力所做的功等于动能时物体静止，人在垫上或者器械上的滚动也是遵循这一规律的[3]。人体要滚动，必须在外力的作用下获得动能。人体进入滚动状态时，身体应尽量团紧、团圆，减小力矩，要求身体的各部分应依次接触地面或器械，尽量减少滚动的阻力。在滚翻过程中，由于受头部和脚的解剖结构特点的限制，不可能团成理想的球形，因此头脚超出球外的部分就要在滚动的前方产生制动附加支撑，使球产生很大的阻力矩。超出球外部分离球越远的支撑点，制动作用就越强。只有当双膝抱得较紧、两腿团入球内，制动力矩才会较小[4]。

根据分类依据的不同，按动作完成的方向，可以分为横轴、纵轴、肩轴、前后轴等进行的滚翻类动作；按完成动作的身体姿态，可以分为直体、团身、屈体等滚翻类动作；按完成动作身体移动方向的不同，可以分为前滚翻、后滚翻等滚翻类动作；按完成动作运用器械的不同，可以分为围绕身体自身轴、围绕器械轴进行的滚翻类动作。

（九）攀爬类动作技能生物学特征

攀爬类动作虽然带有一定的危险性，但大多数儿童都非常喜欢。儿童完成攀爬类动作，不仅是儿童顽皮的表现，更是儿童了解生活的一种方式。幼儿园在做好充分的防护措施的情况下，应该鼓励儿童积极参加攀爬类动作的练习，这样将更有利于儿童身心健康发展。

---

[1] 陈小米. 小学体操滚翻类教材内容的教学设计研究 [D]. 金华：浙江师范大学，2011.
[2] 黎宝文. 3～9 儿童前滚翻动作特征与发展之研究 [D]. 北京：北京体育大学，2010.
[3] 黄桑. 体操 [M]. 北京：高等教育出版社，2000.
[4] Vandaele B, Cools W, Decker S D, et al. Mastery of fundamental movement skills among 6-year-old Flemish preschool children [J]. European Physical Education Review, 2011, 17 (1): 3-17.

攀爬类动作根据前进方向的区别，可以分为向高处进行的攀登类动作和在同一水平面的爬行类动作两种形式。攀登类动作是实用性较强的一种身体运动，也是提高学龄前儿童身体素质的重要手段。通过攀登活动，能增强儿童四肢的肌肉力量，尤其是增加手的握力和手臂的肌肉力量，同时能够促进儿童平衡能力、灵敏性、协调能力等身体素质的发展，对儿童意志品质的培养具有重要作用。

攀登类动作一般属于周期性动作，按照参与动作身体部位的划分，可以将攀登分为三种类型：一是双手的攀登，如用双手攀绳或杆的动作，这种攀登动作在特殊情况下会使用，如消防员的紧急攀登；二是双脚的攀登，如蹬台阶、蹬小山坡等，带领儿童爬楼梯是练习和掌握攀登技能的基础；三是双手和双脚共用的攀登，双手和双脚共同配合完成攀登，如攀登肋木、绳梯等，儿童非常喜欢这种形式的攀登活动。

常用的攀登方法有两种，对于攀登肋木来说，一种是并手并脚的攀登，这种攀登方法是指两手先后都握住同一格的横木，两脚也是先后踏上同一格的横木，这种攀登方法对于刚接触攀登练习的儿童非常实用；另一种是手脚交替，双手和双脚都不在同一格横木上的攀登，这种攀登方法是指双手和双脚都是先后握住和踏上不同格的横木，而且手脚的动作是交替进行的，这种攀登方法难度稍微大一点，对儿童的协调性要求也较高。

3~6岁儿童对攀登活动表现出特别的好感，3~4岁儿童表现出并手并脚的攀登动作，动作不够灵活，协调性较差，不能很好地掌握手握横木的姿势，经过幼儿教师和家长的指导和自身反复练习后，4~6岁儿童在攀登时已能表现出手脚交替进行的动作，但从攀登设备上下来时还需要并手并脚的方式进行，这表明儿童已经能够较好地控制身体。

爬是攀爬类动作的另一种表现形式，爬是日常生活中较为实用的身体活动技能之一，是学龄前儿童进行身体锻炼的良好手段。经常练习爬行动作，不仅能够显著增强儿童四肢肌肉的力量，以及背部和腹部肌肉的力量，同时能够有效提高儿童完成动作的灵敏性和协调能力，并能有效改善儿童上下肢协调用力的能力，改善神经控制系统的反应速度和肌肉收缩的力度，能够促进儿童耐力素质的发展[1]。

---

[1] Deli E, Bakle I, Zachopoulou E. Implementing intervention movement programs for kindergarten children [J]. Journal of early childhood research, 2006, 4 (1): 5-18.

爬行动作有很多形式，包括匍匐爬、手膝着地爬、手脚着地爬、膝盖悬空爬，肘膝着地爬等。如果爬行过程中遇到障碍物，根据障碍物的大小又可以分为爬越和钻爬的动作。按动作方法又可以分为低姿和高姿爬行两类，膝盖及以下部位着地的爬行称为低姿爬行，膝盖不着地的爬行称为高姿爬行。

第三章 儿童动作技能发展体操教学模型的建立

为建立儿童动作技能发展体操教学模型，为构建儿童动作技能发展内容体系和促进儿童动作技能发展提供理论指导。具体而言，其一，分析体操类技术动作与儿童动作技能之间的关系；其二，探讨教学组织与儿童动作技能发展之间的关系；其三，探讨教学模型中各个变量与儿童动作技能发展整体效果的关系。

在对儿童动作技能发展的本体论探讨的基础上，建立了儿童动作技能发展的体操教学模型，其函数表达式为：$E=f(Cm, Gm, S, T)$，即教学效果受儿童自身能力对动作技能发展的影响（Cm）、儿童掌握的体操动作技能（Gm）、体操类技术动作内容（S）及动作技能发展教学方案（T）四个因素的交互影响。

第一节 儿童动作技能发展教学模型

儿童在幼儿园阶段参加的体育活动，所接触的动作技能教学内容占有较大比例，但并不是所有运动项目的技术动作都能用于儿童体育教学，从《中国儿童发展纲要（2021—2030）》《3~6岁儿童学习与发展指南》等相关文件中，可以发现3~6岁儿童动作技能的发展在儿童成长过程中具有至关重要的作用。本研究在对儿童动作技能及体操技术动作理论分析的基础上，从儿童动作技能发展的视角出发，围绕动作技能发展的内容和组织，建立3~6岁儿童动作技能发展的体操教学模型。

动作技能发展体操教学模型的建立，既要反映儿童动作技能形成的复杂性，又要体现出体操项目的独特性和多样性，同时还要体现教学方案设计的针对性和创新性[1]。体操技术动作应用于儿童动作技能发展的实践教学，是落实国家提倡

---

[1]王健. 运动技能与体育教学［M］. 北京：北京体育大学出版社，2008.

促进儿童动作技能发展、提高儿童身体素质水平的重要环节,在落实相关政策中具有重要的意义。在应用的过程中,要根据3～6岁儿童身心发育特点和体操项目技术动作的特征,立足儿童课堂学习任务和需要达到的动作技能目标,筛选出不同年龄阶段儿童能够完成的体操技术动作,从而设计出适应不同年龄阶段儿童使用的体操素材及动作技能发展教学方案。通过对体操教学模型的分析,发现模型中各种变量因素改变对促进儿童动作技能发展的情况。

图3-1中的各种变量之间的关系,可以用函数公式表示:$E=f(Cm, Sm, Tm, St)$,即教学效果(E)受动作技能教学方案组织对儿童动作技能的影响(Tm)、体操技术动作内容对动作技能发展教学方案组织的作用(St)、儿童掌握的体操动作技能(Gm)及儿童自身具有的动作技能能力(K)四个因素的影响。其中$Km=f(Gs, T, M)$,$Tm=f(T, Gm)$,$St=f(S, T)$,即儿童动作技能发展(Cm)是受运动技能(M)、体操技术动作内容(S)、教学效果(E)、儿童动作技能发展教学方案(T)、体操技术动作为动作技能发展提供素材的能力(St)、儿童掌握体操动作技能的水平(Gm)六个因素的影响。$Sm=f(Ts, Tm, G)$,$St=f(S, T)$,即体操技术动作内容对动作技能发展的影响是受体操技术

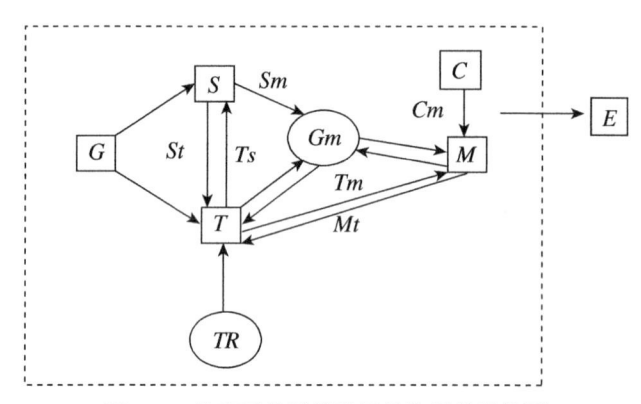

图3-1 儿童动作技能发展的体操教学模型

(说明:G表示体操项目,S表示体操技术动作,T表示体操动作技能教学方案组织,C表示儿童自身具有的能力,M表示动作技能,E表示教学效果,Gm表示儿童掌握的体操动作技能,St表示体操技术动作内容对动作技能发展教学方案组织的作用,Ts表示动作技能发展教学方案组织对体操技术动作内容的影响,Sm表示动作技能发展过程中获得的体操技术动作,Cm表示儿童自身能力对动作技能发展的影响,Tm表示动作技能教学方案组织对儿童动作技能的影响,Mt表示儿童掌握的动作技能对教学组织的作用,TR表示开展儿童动作技能发展的外部资源)。

动作内容（S）、教学组织对体操技术动作内容的影响（Ts）、动作技能发展教学方案（T）和干预方案对动作技能发展的影响（Tm）四个因素的影响。$Tm=f(Mt, St, Gm, TR)$，$Gm=f(S, T, M)$，即教学方案组织对儿童动作技能发展的作用（Tm）是受体操技术动作内容（S）、儿童自身具有的能力（C）、体操技术动作内容对教学方案组织的影响（St）、教学效果（E），以及影响动作技能教学方案实施的外部资源五个因素的影响。

在动作技能教学过程中，根据筛选不同年龄阶段的体操技术动作内容，设计出干预动作技能发展的教学方案来促进儿童动作技能的发展，产生的直接目标提升了儿童动作技能能力（Cm），同时也产生了一定的间接目标，作为练习手段的体操技术动作也能够获得一定程度的发展，即儿童掌握的体操动作技能（Gm）获得提升。

第二节　通过改变变量验证对教学效果的影响

根据建立的儿童动作技能发展体操教学模型，提高其动作技能发展水平可以归纳为以下几种途径：

一、通过增大 Cm 值来提高教学效果（E）

从 $Cm=f(M, S, K, T)$ 能够发现，Cm 值受儿童自身具有的能力、体操技术动作内容及动作技能教学方案组织的影响。其中 S 值和 C 值的提高，能够使 Sm 值增大，从而提高儿童动作技能发展水平。在实际教学过程中，其 C 值是固定变量，S 值和 T 值是自变量，当 S 和 T 都增大时，其 Cm 值必然增大，能够促进儿童动作技能发展，从而提高教学效果（E）。

（一）筛选和确定体操动作技能的内容

在儿童动作技能发展的教学过程中，假如选择的体操技术动作内容，儿童经过努力根本无法完成，则体操动作技能发挥不了作用，即 Cm 值为 0。如果儿童不仅不能完成和发展既定的动作技能，还因为练习而使儿童身体受到损伤，进而使其产生恐惧心理，这不仅浪费了学习的时间，还影响了儿童参加动作技能练习的兴趣，则体操动作技能在儿童动作技能发展中起到反作用，Cm 值则可能为负。

（二）发挥体操类技术动作的基本特征

体操基础技术动作与人体运动技能发展关系最为密切，人类生存所必需的运动技能中体操项目所占的比重最大，体操基础技术动作是与人类自然生长活动最相近的运动项目。儿童的基本身体活动能力中走、跑、跳、攀登、爬钻、翻滚等基本能力，与体操项目中移动类、跳跃类、悬垂类、攀爬类、翻滚类、钻越类、抛接类、平衡类、支撑类、旋转类等十种技术动作内容密切相关。因此，要深入挖掘体操技术动作的基本特征，发挥体操技术动作特征与儿童生长发展基本动作能力相近似的特征，以最大限度发挥体操技术动作在3~6岁儿童动作技能发展中的作用。

（三）通过游戏性的体操动作技能提高 Cm 值

体操技术动作可以分为单一结构、多元结构和多项组合结构，动作技能的结构及其肌肉工作特征与动作技能的发展具有迁移的影响。二者相近或者相似时，将产生正向迁移，促进动作技能的发展，反之，不产生迁移或者产生负向迁移，则阻碍动作技能的发展。在干预方案设计中，如在练习滚翻动作技能时，完成后滚翻练习时，可以在练习的核心环节做平躺翻臀练习，以双脚夹球翻臀传递球游戏的形式组织，从而提高其技能掌握的水平。

二、通过增大 Sm 值来提高教学效果（E）

动作技能的掌握要通过教师的"教"和儿童的"学"二者相互融合进行，是儿童在教师引导下参加体操技术动作练习，而获得动作技能发展的过程，同时也是将构建的体操动作技能内容体系用于教学实践，以提供更多的教学素材的过程。从 $Sm=f(Ts,Tm,G)$，$St=f(S,T)$ 可以发现，要想提高 Sm 值，首要的是提高 S 值的水平，随着儿童年龄的增加，能完成的体操技术动作内容逐渐增加。儿童动作技能水平的提高离不开教师的组织，更需要大量能够激发学生兴趣的体操技术动作素材。为实现儿童动作技能水平的提高，这里要强调儿童体操类动作技能内容体系的构建。

三、通过增大 Tm 值来提高教学效果（E）

在儿童动作技能发展过程中，无论何种动作技能的发展，都是通过该动作技能水平的提高表现出来的。教学组织形式对于教学效果，即儿童动作技能能力的提高具有重要的意义。从 $Tm=f(Mt, St, Gm, TR)$，$Gm=f(S, T, M)$ 可以看出，要想提高 Tm 值，首要的是提高教学组织形式水平（T），即教师设计的促进儿童动作技能发展教学方案，发展儿童动作技能能力，从而达到提高教学效果的目的。在体育教学活动中，教师的指导作用体现在创造和设计良好的学习环境及理想的交互方式，激发儿童对动作技能学习产生兴趣，促使儿童对动作技能练习产生主动性和积极性，提高儿童掌握动作技能的效率等方面。

第四章 基于体操类技术动作的3~6岁儿童动作技能发展内容体系的构建

参考其他相关研究,结合本研究的特点和要求,总结归纳出构建3~6岁儿童动作技能发展内容指标体系必须遵循的原则,具体包括科学性、全面性、目的性、客观性、可行性、趣味性六个原则。根据建立的体操教学模型,运用问卷调查法,筛选出符合3~6岁儿童动作技能发展的体操技术动作,构建3~6岁儿童动作技能发展的内容体系,为促进3~6岁儿童动作技能发展提供理论指导。为3~6岁儿童动作技能发展提供体操技术动作素材与依据。

第一节 构建3~6岁儿童动作技能发展内容体系须遵循的原则

原则是人们对事物客观规律的认识和反映,是人的言行必须遵守的准则。儿童体操动作技能发展内容体系的构建原则就是人们构建3~6岁儿童体操类动作技能内容体系所必须遵守的客观规律的认识和反映,是指导、制约和规范内容体系构建的准则。3~6岁儿童动作技能发展内容体系的构建对评价儿童动作技能发展具有重要的意义。在构建3~6岁儿童动作技能发展内容体系之前,必须明确其基本原则,只有在基本原则的指导下,才能避免3~6岁儿童动作技能发展内容体系构建的盲目性和主观随意性,构建的动作技能发展内容体系才能促进儿童动作技能发展。客观评价儿童动作技能发展,可为幼儿园开展动作技能课程提供指导和参考。

一、科学性原则

科学性原则是指选择的技术动作内容、观测指标、运用的测量方法必须符合测量和构建内容的有效性、可靠性和客观性。因此，筛选的指标要准确、清晰，要具有一定的科学依据，同时要根据测试者的主观条件进行筛选，能够真实对受试儿童信息进行反馈，运用的测试方法应能够准确、有效地测量筛选的指标，同时要保证对同一名受试者采用一致的方法和条件进行测量，最大限度地避免误差，保证研究的科学性。

二、全面性原则

全面性原则是指对儿童动作技能发展进行评价时要通过多种途径广泛收集有关信息，对儿童身心各方面的发展情况进行全面的价值判断，既不能只重视对个别方面进行评价，也不能只运用一种方法收集评价信息而形成片面的价值判断。

全面性原则中包含了健康性和发展性两个方面的内容。全面性原则是保证评价工作科学性的重要基础，坚持全面性原则是由儿童动作技能发展的基本特征，以及与此相适应的儿童动作技能教育的目的和任务所决定的，3～6岁作为学龄前期，是人生发展的奠基时期，是各种动作技能发展的敏感期和开窗期，每个儿童的动作技能能否得到全面的发展，将对其一生产生深远的影响。3～6岁是儿童发展处于不成熟和不稳定的阶段，每个儿童所蕴含的各种发展潜能需要成人的悉心保护和全面的培养，儿童动作技能发展本身所具有的特点决定了儿童动作技能教育的根本任务是促进儿童动作技能的全面发展，从而促进其智力等方面的发展。作为教育过程的重要组成部分，儿童动作技能发展评价必须服从和服务于促进儿童全面发展这个幼儿教育的总目标。

儿童动作技能发展评价的全面性，首先取决于评价指标的全面性，也就是说，构建的体操动作技能内容体系应涵盖3～6岁儿童动作技能发展的全部内容，全面反映儿童动作技能发展的要求；其次是搜集评价信息方法与途径的全面性，是儿童动作技能发展评价全面性的又一重要内涵。方法和途径的全面性决定所获得的评价信息的全面性，进行儿童动作技能发展评价也需要运用多种方法与途径，每一种方法和途径既有其独到的适应性，同时也存在着一定的局限性。实际上，每一种方法和途径都只能获得有限的信息，因此在进行儿童动作技能发展评价时，要多种方法和途径有机结合，从而使获得的信息更加全面，在此基础上才能得出准确、科学的体操动作技能内容体系，从而对儿童动作技能发展进行准确的评估与干预。

三、目的性原则

目的性原则是指在进行儿童动作技能发展评价时要有明确的目的。目的是指导和制约人的行为，目的是否明确，决定评价者使用何种评价系统，采用何种评价方法，如何解释和处理评价结果并最终决定评价工作的实际效益，换言之，只有当评价者，即幼儿教师清楚地知道为什么要对儿童的动作技能进行评价时，评价活动才能真正成为一种理性行为，才能真正为儿童动作技能发展和健康水平提供服务。

强调目的性原则，要求研究者避免为评价而评价，以及为了其他目的而开展评价的现象，不清楚评价的目的，盲目地模仿其他评价，满足于追求热闹只能使评价成为一种摆设，成为一种无意义的数据积累，浪费时间、人力、物力而无实际效用。如果为了其他目的，如应付上级部门的检查，则可能使评价工作偏离正确的方向。无论是目的不明确还是目的不正确，都可能导致研究者将评价工作的兴奋点放在数据和资料的简单堆砌上，而不会下大力气深入细致地对搜集到的信息进行客观分析。因此，要全面了解儿童动作技能的发展情况，并据此制定和调整儿童动作技能发展的课程。

四、客观性原则

客观性原则是指在进行儿童体操动作技能内容体系构建时要采取实事求是的科学态度，构建出符合儿童动作技能发展的体操技术动作内容体系。不能凭主观意愿和个人喜好，随心所欲地对儿童动作技能的发展进行判断，坚持客观性是保证构建的内容体系切合实际、有效的前提。

客观性原则是由儿童动作技能发展评价本身的特点所决定的，儿童动作技能发展评价是根据儿童教育的目标，对儿童动作技能发展进行价值判断的过程。其结果要为因人施教和改善幼儿园的教学过程提供指导和服务，因此要求评价提供的信息必须是真实可靠的，真实的评价结果将促进教育过程更符合儿童发展的需要，使其更具有针对性，保证教育工作向着正确的方向发展，错误和虚假的评价信息则可能导致教育行为背离儿童动作技能发展的需要，从而使教育过程失去正确的方向，同时可能影响儿童的健康发展。

遵循客观性原则，首先要求在进行儿童动作技能发展评价时，要选择可靠的评价指标，即经过科学程序编制，并在实践中反复验证；其次是搜集评价信息的方法、途径应客观和全面，以避免仅使用一种方法或通过一次评价就对儿童动作技能的发展进行主观的评判；再次要使用统一的评定标准对测试儿童进行测量记录，不能因评价对象不同，测试标准的不统一造成人为的误差；最后要根据收集到的信息对儿童动作技能的发展进行价值判断，不能凭主观印象或个人情感对一些儿童给予较高的评价，而对另一些儿童给予较低的评价，从而使儿童心理受到一定的影响。

五、可行性原则

可行性原则是针对指标的筛选而制定的，要确定这些指标的完整组合能否达到预期的效果，构建的指标体系对儿童动作技能发展评价是否具有现实意义，是否能用于评估儿童动作技能发展。只有构建的内容体系能够有效促进儿童动作技能发展，才能激发幼儿体育教师、家长，以及儿童自身发展动作技能的需求，因此筛选的指标应考虑儿童发展的需要，从体操项目技术动作的本质入手，充分考虑应用性和实效性，同时考虑操作的便捷性，便于幼儿教师根据内容体系的指标设计教学方案，干预儿童动作技能的发展[1]。

六、趣味性原则

选择构建3～6岁儿童动作技能体操教学内容体系时，要考虑面对的教学对象为3～6岁的儿童，应以儿童动作技能发展为主体，全面考虑不同年龄阶段儿童身心发展的特征和生理特点，从儿童的兴趣、需要和能力出发，激发儿童学习、表现和创造的欲望，培养儿童积极、主动的学习精神，培养儿童终身体育的意识，促进儿童动作技能的全面发展。

第二节　指标的筛选与确定

一、指标筛选与确定的方法

本研究采用了理论分析和特尔菲法进行指标的筛选，在理论分析的基础上，

---

[1]乔倩倩．"全民终身学习（体育）"网球的技术等级评价标准研究［D］．北京：首都体育学院，2015．

通过多轮次的问卷调查，集中专家的意见，筛选得到最终的内容指标体系。

(一) 理论分析

笔者对专项运动指标体系筛选和构建的相关论文进行总结梳理，对现有的指标进行有目的的分析、综合，选取能够反映本研究需要的多种指标，使用了分析法和综合法[①]。对于分析法来说，是对评价指标体系的度量对象和度量目标划分为若干个不同组成部分，或者是从多个侧面来反映要研究的指标体系，从而进一步划分为不同的子系统，直到每一部分都可以用具体的统计指标来描述和实现。这是构建综合评价指标体系最基本、最常用的方法。在研究过程中，对指标体系的内涵与外延都必须有明确界定和解释，这是进行指标筛选和构建的关键步骤。因此，我们在进行3~6岁儿童动作技能教学内容体系构建时，要明确本研究的主题或者目标是什么。本研究是在查阅相关文献资料和专家访谈的基础上，确定了哪些体操项目技术动作能够反映和评价3~6岁儿童动作技能，结合体操项目的分类特征及3~6岁儿童动作技能发展特征，确定了两个观察维度，从非位移性动作技能和位移性动作技能进行分析与评价，从而根据指标构建的特征划分下位层次的指标。通过综合整理，形成初步的基于体操类技术动作的儿童动作技能发展内容体系。

(二) 特尔菲法

问卷的设计：在文本研究的基础上，笔者根据社会统计学基本原理与方法，对问卷进行设计，在导师和部分体操专家的指导下，对设计的问卷进行修改，形成初选指标的问卷。

调查问卷的信、效度检验：运用统计学的判别法，采用再测法对问卷的信度进行检验，对26名专家中的5名进行两次测试，两次测试间隔10天，得出两次测试成绩的相关系数$R=0.87$。问卷的效度检验主要采用了专家评定法，对问卷的结构和内容进行评判，删除问卷中不合适或者无效的项目，增加有意义的项目，从而形成最终的问卷。

问卷的发放与回收：校外专家采用通信的方式进行问卷的发放与回收，校内专家采用当面发放与回收的方式进行，具体情况如表4-1所示。

---

①李英. 体育教学的伦理学审视 [M]. 北京：北京体育大学出版社，2016.

第四章 基于体操类技术动作的3~6岁儿童动作技能发展内容体系的构建

表4-1 问卷发放与回收统计表

轮次	发放数量（份）	回收数量（份）	有效回收数量（份）	回收率	有效回收率
第一轮	26	26	26	100%	100%
第二轮	26	26	26	100%	100%
第三轮	26	17	17	65%	100%

在查阅文献资料、理论分析和专家访谈的基础上，初步形成三个年龄阶段体操技术动作内容体系，指标经过三轮次的筛选与发放，并通过各构建指标的变异系数、一致性检验结果和指标的平均得分对体操动作教学内容进行取舍，构建基于体操技术动作3~6岁儿童动作技能发展内容体系，从而形成调查问卷。通过第一轮的发放与回收，对专家的意见进行集中趋势的处理，形成新的调查量表，进行第二轮专家调查，问卷经过发放与回收后，运用 Excel 2013 和 SPSS 24 进行描述统计计量和非参数检验统计分析，得出其变异系数和协调系数。在第二轮专家调查的基础上，形成《基于体操类动作3~6岁儿童动作技能发展内容体系重要性判别表》（附录三），进行第三轮专家调查，采用层次分析法确定其不同年龄阶段儿童体操技术动作内容指标的权重赋值。

二、内容体系指标的筛选

为了确保选取的指标能够全面有效地反映3~6岁儿童动作技能发展的需求和特征，能够将体操项目技术动作切入3~6岁儿童动作技能发展内容体系的构建中，根据体操项目技术动作特征和3~6岁儿童生长发育特征，结合可操作性特征，初步构建了3~6岁儿童动作技能发展内容体系，经过专家调查法对初步制定的指标体系进一步筛选，具体流程如图4-1所示。

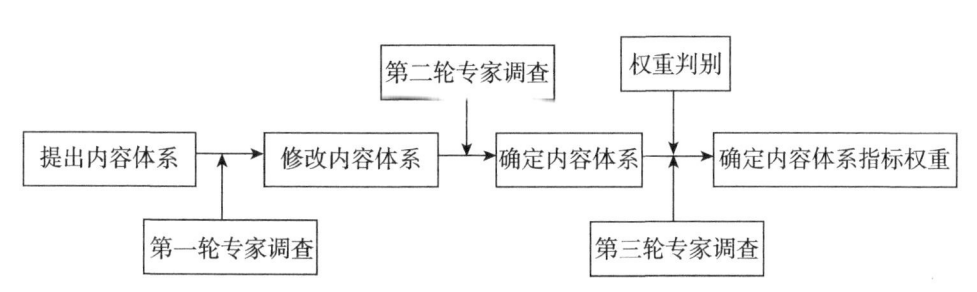

图4-1 3~6岁儿童动作技能发展内容体系指标筛选基本流程

三、内容体系的构建

指标是构建教学内容体系的基础,是研究者根据研究目的、研究对象的特征,针对评定对象进行具体化、系统化判定的数据反应,指标区别于目标,指标的选定更具有针对性[1]。

邢文华教授早在1988年版《体育测量与评价》一书中,归纳出筛选指标要遵循的必要步骤,具体如下:①初级指标的筛选要建立在一定逻辑理论知识的基础上;②初级指标的筛选要通过向专家发放问卷的形式,整合专家对初级指标的意见;③第二轮指标的筛选要依据初级指标筛选的结果进行;④第三轮指标筛选要整合第二轮问卷专家的意见。

(一)初级指标的筛选

查阅国内外儿童动作技能发展、体操项目技术动作的分类、动作技能发展评定等方面的相关文献资料,结合3~6岁儿童生长发育和动作技能发展的实际情况,以及动作技能发展与体操项目动作的相关性关系,初步确定了包含2个一级指标、10个二级指标、63个三级指标的3~6岁儿童动作技能发展的内容体系(表4-2)。

表4-2 3~6岁儿童体操动作技能教学内容体系构建的指标初步筛选

一级指标	二级指标	三级指标
非位移性动作	平衡类动作(静态)	单脚闭眼站立
		平衡垫双脚蹲姿
		体操凳坐姿平衡
		跪姿平衡
		单脚站立后平衡
		体操垫坐姿V字平衡
		平衡垫双脚站立
		平衡垫单脚站立
		燕式平衡

---

[1]乔倩倩."全民终身学习(体育)"网球的技术等级评价标准研究[D].北京:首都体育学院,2015.

第四章 基于体操类技术动作的 3～6 岁儿童动作技能发展内容体系的构建

（续表）

一级指标	二级指标	三级指标
非位移性动作	旋转类动作	双脚平转
		单脚平转
	支撑类动作	站立对墙支撑
		跪地俯卧撑
		仰撑
		俯卧撑
		单杠支撑
		双杠支撑
	悬垂类动作	单杠悬垂
		双杠悬垂
		单杠挂臂悬垂
		单杠挂肘悬垂
		肋木膝勾悬垂
	抛接类动作	双手掷体操球（地滚）
		单手掷沙包
		双手抛体操球
		双手接沙包
		双手接体操球
		单手下手抛体操棒
		单手上手抛体操棒
		后抛体操棒
位移性动作	平衡类动作（动态）	直线后退走
		直线向前蹲走
		体操凳爬行
		体操凳蹲走
		体操凳向前行走
		平衡木行走

(续表)

一级指标	二级指标	三级指标
位移性动作	移动类动作	二十米直线跑动
		圆形跑
		十米后退跑
		弧形跑
		折线跑
		前滑步
		侧滑步
	跳跃类动作	双脚跳（不摆臂）
		单脚跳（不摆臂）
		双脚跳（摆臂）
		单脚跳（摆臂）
		旋转跳
		纵跳
		跨步跳
		立定跳远
	攀爬类动作	手膝着地向前爬行
		手脚着地向前爬行
		匍匐爬
		推小车
		爬肋木
		爬绳梯
	滚翻类动作	平躺滚
		仰卧双手抱膝滚成蹲撑
		支撑滚动
		单肩后滚翻成跪撑
		前滚翻
		单杠前翻上

（二）专家对指标的筛选

将初步筛选的评价指标做成量表，分别发放给 26 名动作技能发展与评价、体操教学与训练、幼儿教育或者幼儿体育教学等领域具有副教授（或相当于副教授职称）及以上职称的专家，共进行三轮问卷调查，并与部分专家进行交流访谈，据此形成 3~4 岁、4~5 岁、5~6 岁三个年龄阶段儿童动作技能发展的内容体系。其专家调查结果如下：

1. 第一轮专家调查结果

主要是对筛选的一、二、三级指标进行筛选、添加与确定。

调查结果显示：26 名专家对一级和二级指标表示认同。

对部分三级指标调整，建议在支撑类动作技能三级指标中增加肩肘倒立动作并删除双杠支撑动作，原因在于儿童手臂力量不足，双杆支撑动作增加了重心的高度，不利于儿童完成，而肩肘倒立动作在重心不变的情况下运用辅助器械可观测儿童的支撑能力。

建议删除移动类动作技能中三级指标的弧形跑，原因是圆形跑和弧形跑观测点是相同的。

建议删除平衡类动作技能（静态）中三级指标的单脚站立后平衡，原因是与燕式平衡观测指标重复。

建议删除跳跃动作技能中三级指标的跨步跳，原因是动作对身体协调性要求较高，难度较大。

建议删除抛接类动作技能中三级指标的双手接沙包和单手掷沙包动作，原因是与接体操球和抛体操棒动作相似。

2. 第二轮专家筛选结果

在第一轮调查基础上，将修改后的评价指标体系制成量表，对每项指标分为"很重要""较重要""一般""不重要""很不重要"五个等级，根据重要程度赋予 9、7、5、3、1 分。运用 Excel 2013 和 SPSS 23 进行描述统计计量和非参数检验统计分析，得出其变异系数和协调系数。其中，变异系数是指标准差与平均数的比值称为变异系数，又称"标准差率"，是衡量资料中各观测值变异程度的另一个统计量，用来表示离散程度。一般认为变异系数应小于 0.25，表示离散程度小，专家协调程度越好，反之离散程度越大，专家协调程度不够[①]。

变异系数计算公式：$V=S/M$

$$M = \frac{1}{n} \sum_{i=1}^{n} x_i$$

$$S = \sqrt{\frac{\sum_{i=1}^{n}(x_i - v)^2}{n-1}}$$

其中，n 表示专家数量，M 表示指标算术平均值，S 表示指标标准差，V 表示指标变异系数。

协调系数是指全部专家对全部指标给出的评价是否存在歧义，反映了专家对指标评价的协调程度。其数值为 0~1，一般认为协调系数越大专家意见越统一，则协调程度越高。协调程度运用等级一致性检验的非参数检验进行，一般认为 P 小于 0.05，专家评估可信度高，结果可取，反之，如果 P 大于 0.05，专家评估可信度低，结果则不可取[②]。

协调系数计算公式：

$$W = \frac{12}{m^2(n^3-n) - m\sum_{i=1}^{m}T_i} \sum_{i=1}^{n} d^2$$

协调系数一致性检验公式：

$$X^2 = \frac{1}{mn(n+1) - \frac{1}{n-1}\sum_{i=1}^{m}T} \sum_{i=1}^{n} d_2$$

其中，m 表示专家总数，n 表示指标数，d 表示各个指标等级和 n 个指标等级和的均数之差，T 表示修正系数。

（1）一级指标统计结果

通过表 4-3 可以发现，两个一级指标变异系数都小于 0.25。其中，位移性动作技能得到专家一致肯定，非位移性动作技能变异系数为 0.08，说明专家对指

[①] 唐永泉. 河南省新型城镇群众体育发展的因素及策略分析 [J]. 河南师范大学学报（自然科学版），2013，41（6）：164-166.
[②] 刑禾，何广学，刘剑君. 德尔菲法筛选结核病防治知识调查指标的研究与预实验评价研究 [J]. 中国健康教育，2006，22（2）：93-94.

第四章 基于体操类技术动作的3~6岁儿童动作技能发展内容体系的构建

标具有很好的协调程度。

表4-3 3~6岁儿童动作技能发展内容体系一级指标分析参数

指标名称	平均数（M）	标准差（S）	变异系数（V）
非位移性动作技能	8.7	1	0.115
位移性动作技能	9	0	0

从表4-4来看，专家一致性检验P值为0.045，小于0.05，说明专家意见的评估可信度高，评价结果可信。

表4-4 3~6岁儿童动作技能发展内容体系一级指标一致性检验

轮次	协调系数（W）	卡方	P值
第二轮	0.500	19.000	0.045

（2）二级指标统计结果

表4-5、表4-6显示，二级指标变异系数均小于0.25，表明专家对二级指标的可行性表示肯定。从得分均数看，所有指标都在5分以上，说明专家认可经过修改和筛选后的二级指标。专家一致性检验P值为0.004，小于0.05，说明专家意见的评估可信度高，评价结果可信。

表4-5 3~6岁儿童动作技能发展内容体系二级指标分析参数

指标名称	平均数（M）	标准差（S）	变异系数（V）
平衡类动作技能	8.6	0.82	0.095
旋转类动作技能	5.5	0.89	0.162
支撑类动作技能	7.4	1.05	0.141
悬垂类动作技能	6.7	0.73	0.109
投掷类动作技能	5.7	0.98	0.172
移动类动作技能	8.8	0.62	0.070
跳跃类动作技能	6.9	1.02	0.148
攀爬类动作技能	7.7	0.98	0.127
翻滚类动作技能	7.6	1.14	0.150

表4-6 3~6岁儿童动作技能发展内容体系二级指标一致性检验

轮次	协调系数（W）	卡方	P值
第二轮	0.206	39.164	0.004

（3）三级指标统计结果

表4-7~表4-12结果显示，3~4岁、4~5岁、5~6岁三个年龄阶段儿童三级指标变异系数均小于0.25，表明专家对三级指标的可行性表示肯定。从得分均数看，所有指标都在7以上，这说明专家认可经过修改和筛选后的三级指标。专家一致性检验协调系数分别为0.230、0.179、0.123，P值均为0.000小于0.05，说明专家意见的评估可信度好，评价结果可信。

表4-7 3~4岁儿童动作技能发展内容体系三级指标分析参数

动作名称	平均数（M）	标准差（S）	变异系数（V）
单脚闭眼站立	8.8	0.62	0.070
平衡垫双脚蹲姿	7.7	1.17	0.152
体操凳坐姿平衡	7.7	1.17	0.152
双脚平转	7.8	1.01	0.129
站立对墙支撑	8.6	0.82	0.100
跪地俯卧撑	8.3	0.98	0.118
单杠悬垂	8.2	1.01	0.123
双杠悬垂	8.0	1.21	0.151
双手掷体操球（地滚）	8.6	0.82	0.100
双手抛体操球	8.2	1.01	0.123
直线后退走	8.0	1.03	0.129
直线向前蹲走	8.5	0.89	0.105
体操凳爬行	8.1	1.02	0.126
二十米直线跑动	8.8	0.62	0.070
圆形跑	7.8	1.20	0.154
双脚跳（不摆臂）	7.7	1.17	0.152
单脚跳（不摆臂）	7.7	0.98	0.127

第四章 基于体操类技术动作的3～6岁儿童动作技能发展内容体系的构建

（续表）

动作名称	平均数（M）	标准差（S）	变异系数（V）
手膝着地向前爬行	7.6	1.14	0.150
手脚着地向前爬行	7.7	1.17	0.152
匍匐爬	7.6	0.94	0.124
平躺滚	8.8	0.62	0.070

表4-8 3～4岁儿童动作技能发展内容体系三级指标一致性检验

轮次	协调系数（W）	卡方	P值
第二轮	0.230	91.774	0.000

表4-9 4～5岁儿童动作技能发展内容体系三级指标分析参数

动作名称	平均数（M）	标准差（S）	变异系数（V）
单脚闭眼站立	8.8	0.62	0.070
平衡垫双脚蹲姿	7.7	1.17	0.152
体操凳坐姿平衡	7.7	1.17	0.152
跪姿平衡	8.6	0.82	0.095
燕式平衡	8.6	0.82	0.095
双脚平转	7.8	1.01	0.129
站立对墙支撑	8.6	0.82	0.095
跪地俯卧撑	8.3	0.98	0.118
仰撑	8.5	0.89	0.105
单杠悬垂	8.2	1.01	0.123
双杠悬垂	8.0	1.21	0.151
单杠挂臂悬垂	7.8	1.20	0.154
双手掷体操球（地滚）	8.6	0.82	0.095
双手抛体操球	8.2	1.01	0.123
双手接体操球	7.0	0.92	0.131
直线后退走	8.0	1.03	0.128
直线向前蹲走	8.5	0.89	0.105

(续表)

动作名称	平均数（M）	标准差（S）	变异系数（V）
体操凳爬行	8.1	1.02	0.126
体操凳蹲走	7.9	1.02	0.129
体操凳向前行走	7.6	0.94	0.124
二十米直线跑动	8.8	0.62	0.070
圆形跑	7.8	1.20	0.154
十米后退跑	7.8	1.01	0.129
折线跑	7.7	0.98	0.127
双脚跳（不摆臂）	7.7	1.17	0.152
单脚跳（不摆臂）	7.7	0.98	0.127
双脚跳（摆臂）	7.9	1.02	0.129
单脚跳（摆臂）	8.2	1.01	0.123
手膝着地向前爬行	7.6	1.14	0.150
手脚着地向前爬行	7.7	1.17	0.152
匍匐爬	7.6	0.94	0.124
推小车	7.3	1.17	0.160
爬肋木	8.1	1.02	0.126
平躺滚	8.8	0.62	0.070
仰卧双手抱膝滚成蹲撑	8.9	0.45	0.051

表4-10　4～5岁儿童动作技能发展内容体系三级指标一致性检验

轮次	协调系数（W）	卡方	P值
第二轮	0.179	119.190	0.000

表4-11　5～6岁儿童动作技能发展内容体系三级指标分析参数

动作名称	平均数（M）	标准差（S）	变异系数（V）
单脚闭眼站立	8.8	0.6	0.068
平衡垫双脚蹲姿	7.7	1.2	0.156
体操凳坐姿平衡	7.7	1.2	0.156

第四章　基于体操类技术动作的 3~6 岁儿童动作技能发展内容体系的构建

(续表)

动作名称	平均数（M）	标准差（S）	变异系数（V）
跪姿平衡	8.6	0.8	0.093
燕式平衡	8.6	0.8	0.093
体操垫坐姿 V 字平衡	8.2	1.0	0.122
平衡垫双脚站立	8.1	1.0	0.123
平衡垫单脚站立	8.0	1.0	0.125
双脚平转	7.8	1.0	0.128
单脚平转	7.6	0.9	0.118
站立对墙支撑	8.6	0.8	0.093
跪地俯卧撑	8.3	1.0	0.120
仰撑	8.5	0.9	0.106
俯卧撑	8.5	0.9	0.106
单杠支撑	8.2	1.0	0.122
肩肘倒立	7.9	1.0	0.127
单杠悬垂	8.2	1.0	0.122
双杠悬垂	8.0	1.2	0.150
单杠挂臂悬垂	7.8	1.2	0.154
单杠挂肘悬垂	7.4	1.2	0.162
肋木膝勾悬垂	7.4	1.0	0.135
双手掷体操球（地滚）	8.6	0.8	0.093
双手抛体操球	8.2	1.0	0.122
双手接体操球	7.0	0.9	0.129
单手下手抛体操棒	8.0	1.0	0.125
单手上手抛体操棒	7.6	0.9	0.118
后抛体操棒	6.5	1.1	0.169
直线后退走	8.0	1.0	0.125
直线向前蹲走	8.5	0.9	0.106
体操凳爬行	8.1	1.0	0.123
体操凳蹲走	7.9	1.0	0.127
体操凳向前行走	7.6	0.9	0.118
平衡木行走	8.9	0.4	0.045

(续表)

动作名称	平均数（M）	标准差（S）	变异系数（V）
二十米直线跑动	8.8	0.6	0.068
圆形跑	7.8	1.2	0.154
十米后退跑	7.8	1.0	0.128
折线跑	7.7	1.0	0.130
前滑步	8.0	1.0	0.125
侧滑步	7.5	0.9	0.120
双脚跳（不摆臂）	7.7	1.2	0.156
单脚跳（不摆臂）	7.7	1.0	0.130
双脚跳（摆臂）	7.9	1.0	0.127
单脚跳（摆臂）	8.2	1.0	0.122
旋转跳	8.8	0.6	0.068
纵跳	7.6	0.9	0.118
立定跳远	8.3	1.0	0.120
手膝着地向前爬行	7.6	1.1	0.145
手脚着地向前爬行	7.7	1.2	0.156
匍匐爬	7.6	0.9	0.128
推小车	7.3	1.2	0.164
爬肋木	8.1	1.0	0.123
爬绳梯	7.8	1.0	0.128
平躺滚	8.8	0.6	0.068
仰卧双手抱膝滚成蹲撑	8.9	0.4	0.050
支撑滚动	8.6	0.8	0.093
单肩后滚翻成跪撑	8.8	0.6	0.68
前滚翻	9.0	0.0	0.000
单杠前翻上	7.7	1.0	0.130

表4-12　5~6岁儿童动作技能发展内容体系三级指标一致性检验

轮次	协调系数（W）	卡方	P值
第二轮	0.123	156.470	0.000

第四章 基于体操类技术动作的 3～6 岁儿童动作技能发展内容体系的构建

通过两轮专家调查，最终形成 3～4 岁儿童 2 个一级指标、10 个二级指标、21 个三级指标的动作技能发展内容体系；4～5 岁儿童 2 个一级指标、10 个二级指标、35 个三级指标的动作技能发展内容体系；5～6 岁儿童 2 个一级指标、10 个二级指标、58 个三级指标的动作技能发展内容体系（表 4-13～表 4-15）。

表 4-13 3～4 岁儿童动作技能发展内容体系

一级指标	二级指标	三级指标
非位移性动作技能	平衡类动作（静态）	单脚闭眼站立
		平衡垫双脚蹲姿
		体操凳坐姿平衡
	旋转类动作	双脚平转
	支撑类动作	站立对墙支撑
		跪地俯卧撑
	悬垂类动作	单杠悬垂
		双杠悬垂
	抛接类动作	双手掷体操球（地滚）
		双手抛体操球
位移性动作技能	平衡类动作（动态）	直线后退走
		直线向前蹲走
		体操凳爬行
	移动类动作	二十米直线跑动
		圆形跑
	跳跃类动作	双脚跳（不摆臂）
		单脚跳（不摆臂）
	攀爬类动作	手膝着地向前爬行
		手脚着地向前爬行
		匍匐爬
	滚翻类动作	平躺滚

表4-14 4~5岁儿童动作技能发展内容体系

一级指标	二级指标	三级指标
非位移性动作技能	平衡类动作（静态）	单脚闭眼站立
		平衡垫双脚蹲姿
		体操凳坐姿平衡
		跪姿平衡
		燕式平衡
	旋转类动作	双脚平转
	支撑类动作	站立对墙支撑
		跪地俯卧撑
		仰撑
	悬垂类动作	单杠悬垂
		双杠悬垂
		单杠挂臂悬垂
	抛接类动作	双手掷体操球（地滚）
		双手抛体操球
		双手接体操球
位移性动作技能	平衡类动作（动态）	直线后退走
		直线向前蹲走
		体操凳爬行
		体操凳蹲走
		体操凳向前行走
	移动类动作	二十米直线跑动
		圆形跑
		十米后退跑
		折线跑
	跳跃类动作	双脚跳（不摆臂）
		单脚跳（不摆臂）
		双脚跳（摆臂）

第四章 基于体操类技术动作的 3~6 岁儿童动作技能发展内容体系的构建

(续表)

一级指标	二级指标	三级指标
位移性动作技能	跳跃类动作	单脚跳（摆臂）
	攀爬类动作	手膝着地向前爬行
		手脚着地向前爬行
		匍匐爬
		推小车
		爬肋木
	滚翻类动作	平躺滚
		仰卧双手抱膝滚成蹲撑

表 4-15 5~6 岁儿童动作技能发展内容体系

一级指标	二级指标	三级指标
非位移性动作技能	平衡类动作（静态）	单腿闭眼站立
		平衡垫双脚蹲姿
		体操凳坐姿平衡
		跪姿平衡
		燕式平衡
		体操垫坐姿 V 字平衡
		平衡垫双脚站立
		平衡垫单脚站立
	旋转类动作	双脚平转
		单脚平转
	支撑类动作	站立对墙支撑
		跪地俯卧撑
		仰撑
		俯卧撑
		单杠支撑
		肩肘倒立

（续表）

一级指标	二级指标	三级指标
非位移性动作技能	悬垂类动作	单杠悬垂
		双杠悬垂
		单杠挂臂悬垂
		单杠挂肘悬垂
		肋木膝勾悬垂
	抛接类动作	双手掷体操球（地滚）
		双手抛体操球
		双手接体操球
		单手下手抛体操棒
		单手上手抛体操棒
		后抛体操棒
位移性动作技能	平衡类动作（动态）	直线后退走
		直线向前蹲走
		体操凳爬行
		体操凳蹲走
		体操凳向前行走
		平衡木行走
	移动类动作	二十米直线跑动
		圆形跑
		十米后退跑
		折线跑
		前滑步
		侧滑步
	跳跃类动作	双脚跳（不摆臂）
		单脚跳（不摆臂）
		双脚跳（摆臂）
		单脚跳（摆臂）
		旋转跳

第四章 基于体操类技术动作的 3~6 岁儿童动作技能发展内容体系的构建

(续表)

一级指标	二级指标	三级指标
位移性动作技能	跳跃类动作	纵跳
		立定跳远
	攀爬类动作	手膝着地向前爬行
		手脚着地向前爬行
		匍匐爬
		推小车
		爬肋木
		爬绳梯
	滚翻类动作	平躺滚
		仰卧双手抱膝滚成蹲撑
		支撑滚动
		单肩后滚翻成跪撑
		前滚翻
		单杠前翻上

四、内容体系指标权重的确定

由于 3~6 岁儿童动作技能发展内容体系是由不同类别的多个单一体操技术动作构成的，且于指标在内容体系构建中反映的作用是不相同的，故需要确定各个指标在构建 3~6 岁儿童动作技能发展内容体系中的相对重要程度，确定各个指标在整个内容体系构建的作用。权重值的不同影响着评价的结果，因此科学确定指标的权重对构建 3~6 岁儿童动作技能发展内容体系具有重要意义。

目前针对指标权重的确定方法有很多，大致可以分为主观赋权法和客观赋权法两种。主观赋权法是评价者对指标的重要程度给出的人为评价，通常采用向专家征集意见的方法；客观赋权法即根据指标数值变异程度所提供的信息来计算相应的权重。

本研究根据现有的研究情况和研究能力，采用了主观赋权法中的层次分析法来确定 3~6 岁儿童动作技能发展内容体系中各个指标的权重值。

层次分析法是一种定性和定量相结合的多目标决策方法，它把一个复杂的问题分解为若干个相对的因素，并按照逻辑层级形成一定的层次结构，然后对其进行两两比较，确定各个因素的相对重要程度，计算各因素的权重，并以此为基础实现对不同决策的排序[①]。层次分析法简便、灵活，并且比较实用，是一种系统化、层次化的分析方法，它能为复杂评价问题的决策和排序提供一种简洁而实用的建模方法，层次分析法及其所提出的两两比较构建判断矩阵的方法是一种既能适应各种对象评价，又能充分利用专家经验和智慧的有效方法，合理运用层次分析法能使科研评价系统从无结构间向结构化和有序状态转化，有着非常重要的应用价值[②]。

在第二轮专家调查的基础上，形成了《基于体操技术动作3~6岁儿童动作技能发展内容体系构建重要性判别表》（见附录三），发放给26名体操领域、动作发展领域、儿童教育领域具有副教授（或相当于副教授职称）及以上职称的专家，收回17份。采用层次分析法确定其各个指标的权重。首先，建立层次结构模型。其次，构造两两判断矩阵。在进行比较判断时，通常采用的重要程度等级分类为："相同重要""稍微重要""明显重要""强烈重要"和"极其重要"五个等级（表4-16）。最后，层次单排序及其一致性检验。计算判断矩阵的最大特征值及对应的特征向量，得出每一层各要素的权重值，进行一致性检验。

通常用 CI（consistency index）表示，计算公式：

$$CI = \frac{\lambda_{max} - n}{n - 1}$$

其中，λ_{max} 为判断矩阵的最大特征值。度量不同阶数判断矩阵是否具有满意一致性，需引入判断矩阵的平均随机一致性指标 RI（random index）值（表4-17）。当阶数大于2时，判断矩阵的一致性比率 $CR=CI/RI$，结果小于0.10时，即认为判断矩阵具有满意的一致性，否则就需要调整判断矩阵，使之具有满意的一致性。

表4-16 判断矩阵标度定义

标度	含义
1	表示两个因素相比，具有相同重要性

[①] 李高峰."体育、艺术2+1项目"实验中足球技能等级评价标准的研究[D].郑州：河南大学，2007.
[②] 柴娇，杨卓，任海雷.网球正手击球运动技能评价指标、标准及其实证研究[J].西安体育学院学报，2013，30（2）：222-227.

第四章 基于体操类技术动作的 3~6 岁儿童动作技能发展内容体系的构建

(续表)

标度	含义
3	表示两个因素相比，前者比后者稍微重要
5	表示两个因素相比，前者比后者明显重要
7	表示两个因素相比，前者比后者强烈重要
9	表示两个因素相比，前者比后者极其重要
2、4、6、8	表示上述相邻判断的中间值
倒数	表示 a 与 b 之比为 P_{ab}，那么 b 与 a 之比为 $1/P_{ab}$

表 4-17 平均随机一致性指标 RI 值[1]

N	1	2	3	4	5	6	7	8	9	10	11	12	13	14	15
RI	0	0	0.52	0.89	1.12	1.26	1.36	1.41	1.46	1.49	1.52	1.54	1.56	1.58	1.59

（一）一级指标权重的确定

表 4-18 3~6 岁儿童动作技能发展内容体系一级指标判断矩阵

C_K	A	B
A	1	1
B	1	1

通过计算得出：$\lambda_{max}=2$，$C.I=0$，$R.I=0$，$C.R=0$，$C.I$、$C.R$ 均小于 0.10，判断矩阵具有满意一致性。

表 4-19 3~6 岁儿童动作技能发展内容体系一级指标权重值

一级指标	权重
非位移性动作技能	0.5
位移性动作技能	0.5

---

[1]曹茂林. 层次分析法确定评价指标权重及 Excel 计算 [J]. 江苏科技信息，2012，(2)：39-40.

(二) 二级指标权重的确定

1. 3~6岁儿童动作技能发展内容体系非位移性动作技能二级指标

第一步,得出判断矩阵(表4-20)。

P_{A1A2} = (1*10+3*4+5*2+7) /17=2.2≈2

P_{A1A3} = (1*8+3*4+5*3+7+9) /17=3

P_{A1A4} = (1*9+3*5+5*3) /17=2.3≈2

P_{A1A5} = (1*11+3*4+5*2) /17=1.9≈2

P_{A2A3} = (1*7+3*5+5*3+7+9) /17=3.1≈3

P_{A2A4} = (1*9+3*5+5*2+7) /17=2.4≈2

P_{A2A5} = (1*10+3*5+5*2) /17=2.1≈2

P_{A3A4} = (1*7+3*5+5*3+7+9) /17=3.1≈3

P_{A3A5} = (1*12+3*3+5*2) /17=1.8≈2

P_{A4A5} = (1*9+3*5+5*2+7) /17=2.4≈2

表4-20 3~6岁儿童动作技能发展内容体系非位移性动作技能二级指标判断矩阵

C_K	A1	A2	A3	A4	A5
A1	1	2	3	2	2
A2	1/2	1	3	2	2
A3	1/3	1/3	1	3	2
A4	1/2	1/2	1/3	1	2
A5	1/2	1/2	1/3	1/2	1

第二步,计算出判断矩阵每一个子目标的乘积 α_i。

α_{A1} = 1*2*3*2*2=24

α_{A2} = 1/2*1*3*2*2=6

α_{A3} = 1/3*1/3*1*3*2=0.667

α_{A4} = 1/2*1/2*1/3*1*2=0.167

α_{A5} = 1/2*1/2*1/3*1/2*1=0.042

第三步,计算乘积 α_i 的5次方根 $\beta_i = \sqrt[n]{\alpha_i}$。

$\beta_{A1} = \sqrt[5]{24} = 1.8882$

第四章 基于体操类技术动作的3～6岁儿童动作技能发展内容体系的构建

$\beta_{A2} = \sqrt[5]{6} = 1.4310$

$\beta_{A3} = \sqrt[5]{0.667} = 0.9222$

$\beta_{A4} = \sqrt[5]{0.167} = 0.6991$

$\beta_{A5} = \sqrt[5]{0.042} = 0.5305$

第四步，根据公式 $\beta = \sum^2 \beta_i$ 对每一个方根进行归一化处理，得出权重。

$\beta = \sum^2 \beta_i = 1.8882+1.4310+0.9222+0.6991+0.5305 = 5.4710$

$$W_i = \beta_i / \sum \beta_i$$

$W_{A1} = 1.8882/5.4704 = 0.3451$

$W_{A2} = 1.4310/5.4704 = 0.2616$

$W_{A3} = 0.9222/5.4704 = 0.1686$

$W_{A4} = 0.6991/5.4704 = 0.1278$

$W_{A5} = 0.5305/5.4704 = 0.0970$

第五步，根据公式 $\gamma_{max} = \sum \gamma_i / n$，计算最大特征向量 γ_{max}。

$\gamma_{A1} = (1*0.3451+2*0.2616+3*0.1686+2*0.1278+2*0.0970)/0.3451 = 5.2846$

$\gamma_{A2} = (1/2*0.3451+1*0.2616+3*0.1686+2*0.1278+2*0.0970)/0.2616 = 5.3117$

$\gamma_{A3} = (1/3*0.3451+1/3*0.2616+1*0.1686+3*0.1278+2*0.0970)/0.1686 = 5.6242$

$\gamma_{A4} = (1/2*0.3451+1/2*0.2616+1/3*0.1686+1*0.1278+2*0.0970)/0.1278 = 5.3314$

$\gamma_{A5} = (1/2*0.3451+1/2*0.2616+1/3*0.1686+1/2*0.1278+1*0.0970)/0.0970 = 5.3655$

$\gamma_{max} = (5.2846+5.3117+5.6242+5.3314+5.3655)/5 = 5.3835$

第六步，计算判断矩阵的一致性检验指标 $C.I$。

根据矩阵理论，如果 $\gamma_{max} > n$，可以导出判断矩阵的一致性检验指标 $C.I = (\gamma_{max}-n)/(n-1) = (5.3835-5)/4 = 0.0959 < 0.1$，故表明该矩阵通过一致检验，具有一致性。

第七步，计算 $C.R$。

为了度量不同阶矩阵是否具有满意一致性，将 $C.I$ 与判断矩阵的平均随机一

致性 $R.I$ 比较（表4-17），得出 $C.R=C.I/R.I=0.0959/1.12=0.086<0.1$，故表明该矩阵具有满意一致性。

第八步，得出结论。

通过以上计算过程，$C.I$ 和 $C.R$ 均<0.1，构建的判断矩阵具有一致性，得出权重结果（表4-22）。

2. 3~6岁儿童动作技能发展内容体系位移性动作技能二级指标

第一步，得出判断矩阵（表4-21）。

$P_{B1B2} = (1*10+3*4+5*2+7)/17=2.3≈2$

$P_{B1B3} = (1*9+3*5+5*2+7)/17=2.4≈2$

$P_{B1B4} = (1*9+3*5+5*3)/17=2.3≈2$

$P_{B1B5} = (1*8+3*3+5*3+7*2+9)/17=3.2≈3$

$P_{B2B3} = (1*10+3*5+5*2)/17=2.1≈2$

$P_{B2B4} = (1*7+3*6+5*3+7)/17=2.8≈3$

$P_{B2B5} = (1*9+3*6+5*2)/17=2.2≈2$

$P_{B3B4} = (1*10+3*5+5*2)/17=2.1≈2$

$P_{B3B5} = (1*8+3*5+5*3+7)/17=2.6≈3$

$P_{B4B5} = (1*9+3*3+5*3+7*2)/17=2.8≈3$

表4-21 3~6岁儿童动作技能发展内容体系位移性动作技能二级指标判断矩阵

C_K	B1	B2	B3	B4	B5
B1	1	2	2	2	3
B2	1/2	1	2	3	2
B3	1/2	1/2	1	2	3
B4	1/2	1/3	1/2	1	3
B5	1/3	1/2	1/3	1/2	1

第二步，计算出判断矩阵每一个子目标的乘积 α_i。

$\alpha_{B1}=1*2*2*2*3=24$

$\alpha_{B2}=1/2*1*2*3*2=6$

$\alpha_{B3}=1/2*1/2*1*2*3=1.5$

$\alpha_{B4}=1/2*1/3*1/2*1*3=0.25$

$\alpha_{B5} = 1/3 * 1/2 * 1/3 * 1/2 * 1 = 0.028$

第三步，计算乘积 α_i 的 5 次方根 $\beta_i = \sqrt[n]{\alpha_i}$。

$\beta_{B1} = \sqrt[5]{24} = 1.8882$

$\beta_{B2} = \sqrt[5]{6} = 1.4310$

$\beta_{B3} = \sqrt[5]{1.5} = 1.0845$

$\beta_{B4} = \sqrt[5]{0.125} = 0.7579$

$\beta_{B5} = \sqrt[5]{0.028} = 0.4891$

第四步，根据公式 $\beta = \sum {}^2\beta_i$ 对每一个方根进行归一化处理，得出权重。

$\beta = \sum {}^2\beta_i = 1.8882+1.4310+1.0845+0.7579+0.4891 = 5.6506$

$W_i = \beta_i / \sum \beta_i$

$W_{B1} = 1.8882/5.6506 = 0.3342$

$W_{B2} = 1.4310/5.6506 = 0.2532$

$W_{B3} = 1.0845/5.6506 = 0.1919$

$W_{B4} = 0.7579/5.6506 = 0.1341$

$W_{B5} = 0.4891/5.6506 = 0.0866$

第五步，根据公式 $\gamma_{max} = \sum \gamma_i / n$，计算最大特征向量 γ_{max}。

$\gamma_{B1} = (1*0.3342+2*0.2532+2*0.1919+2*0.1341+3*0.0866)/0.3342 = 5.2436$

$\gamma_{B2} = (1/2*0.3342+1*0.2532+2*0.1919+3*0.1341+2*0.0866)/0.2532 = 5.4487$

$\gamma_{B3} = (1/2*0.3342+1/2*0.2532+1*0.1919+2*0.1341+3*0.0866)/0.1919 = 5.2819$

$\gamma_{B4} = (1/2*0.3342+1/3*0.2532+1/2*0.1919+1*0.1341+3*0.0866)/0.1341 = 5.5283$

$\gamma_{B5} = (1/3*0.3342+1/2*0.2532+1/3*0.1919+1/2*0.1341+1*0.0866)/0.0866 = 5.2616$

$\gamma_{max} = (5.2436+5.4487+5.2819+5.5283+5.2616)/5 = 5.3527$

第六步，计算判断矩阵的一致性检验指标 $C.I$。

根据矩阵理论，如果 $\gamma_{max} > n$，可以导出判断矩阵的一致性检验指标 $C.I = (\gamma_{max} - n)/(n-1) = (5.3527-5)/4 = 0.0882 < 0.1$，故表明该矩阵通过一致检

验,具有一致性。

第七步,计算 $C.R$。

为了度量不同阶矩阵是否具有满意一致性,将 $C.I$ 与判断矩阵的平均随机一致性 $R.I$ 比较(表4-17),得出 $C.R=C.I/R.I=0.0882/1.12=0.0788<0.1$,故表明该矩阵具有满意一致性。

第八步,得出结论。

通过以上计算过程,$C.I$ 和 $C.R$ 均<0.1,构建的判断矩阵具有一致性,得出权重结果(表4-22)。

表4-22 3~6岁儿童动作技能发展内容体系二级指标权重值

二级指标	权重
平衡类动作技能(静态)	0.341
旋转类动作技能	0.258
支撑类动作技能	0.166
悬垂类动作技能	0.116
抛接类动作技能	0.119
平衡类动作技能(动态)	0.340
移动类动作技能	0.258
跳跃类动作技能	0.195
攀爬类动作技能	0.119
滚翻类动作技能	0.088

(三)三级指标权重的确定

1.3~4岁儿童动作技能发展内容体系三级指标判断矩阵及权重值

表4-23 平衡类动作(静态)三级指标判断矩阵及权重值

C_K	A11	A12	A13	权重
A11	1	1	2	0.400
A12	1	1	2	0.400
A13	0.5	0.5	1	0.200

通过计算得出:$\lambda_{max}=3$,$C.I=0$,$R.I=0.52$,$C.R=0$,$C.I$、$C.R$ 均<0.10,

第四章 基于体操类技术动作的 3~6 岁儿童动作技能发展内容体系的构建

判断矩阵具有满意一致性。

表 4-24 支撑类动作三级指标判断矩阵及权重值

C_K	A31	A32	权重
A31	1	1	0.500
A32	1	1	0.500

通过计算得出：$\lambda_{max}=2$，$C.I=0$，$R.I=0$，$C.R=0$，$C.I$、$C.R$ 均<0.10，判断矩阵具有满意一致性。

表 4-25 悬垂类动作三级指标判断矩阵及权重值

C_K	A41	A42	权重
A41	1	2	0.667
A42	1/2	1	0.333

通过计算得出：$\lambda_{max}=2$，$C.I=0$，$R.I=0$，$C.R=0$，$C.I$、$C.R$ 均<0.10，判断矩阵具有满意一致性。

表 4-26 抛接类动作三级指标判断矩阵及权重值

C_K	A51	A52	权重
A51	1	3	0.750
A52	1/3	1	0.250

通过计算得出：$\lambda_{max}=2$，$C.I=0$，$R.I=0$，$C.R=0$，$C.I$、$C.R$ 均<0.10，判断矩阵具有满意一致性。

表 4-27 平衡类动作（动态）三级指标判断矩阵及权重值

C_K	B11	B12	B13	权重
B11	1	2	2	0.500
B12	1/2	1	1	0.250
B13	1/2	1	1	0.250

通过计算得出：$\lambda_{max}=3$，$C.I=0$，$R.I=0.52$，$C.R=0$，$C.I$、$C.R$ 均<0.10，判断矩阵具有满意一致性。

表 4-28 移动类动作三级指标判断矩阵及权重值

C_K	B21	B22	权重
B21	1	1	0.500
B22	1	1	0.500

通过计算得出：$\lambda_{max}=2$，$C.I=0$，$R.I=0$，$C.R=0$，$C.I$、$C.R$ 均<0.10，判断矩阵具有满意一致性。

表 4-29 跳跃类动作三级指标判断矩阵及权重值

C_K	B31	B32	权重
B31	1	2	0.667
B32	1/2	1	0.333

通过计算得出：$\lambda_{max}=2$，$C.I=0$，$R.I=0$，$C.R=0$，$C.I$、$C.R$ 均<0.10，判断矩阵具有满意一致性。

表 4-30 攀爬类动作三级指标判断矩阵及权重值

C_K	B41	B42	B43	权重
B41	1	2	3	0.550
B42	1/2	1	1	0.240
B43	1/3	1	1	0.210

通过计算得出：$\lambda_{max}=3.018$，$C.I=0.09$，$R.I=0.52$，$C.R=0.01$，$C.I$、$C.R$ 均<0.10，判断矩阵具有满意一致性。

表 4-31 3~4 岁儿童动作技能发展内容体系权重值

一级指标	权重	二级指标	权重	三级指标	权重
A 非位移性动作技能	0.5	A1 平衡类动作（静态）	0.341	A11 单脚闭眼站立	0.400
				A12 平衡垫双脚蹲姿	0.400
				A13 体操凳坐姿平衡	0.200
		A2 旋转类动作	0.258	A21 双脚平转	1.000

第四章　基于体操类技术动作的 3～6 岁儿童动作技能发展内容体系的构建

(续表)

一级指标	权重	二级指标	权重	三级指标	权重
A 非位移性动作技能	0.5	A3 支撑类动作	0.166	A31 站立对墙支撑	0.500
				A32 跪地俯卧撑	0.500
		A4 悬垂类动作	0.116	A41 单杠悬垂	0.667
				A42 双杠悬垂	0.333
		A5 抛接类动作	0.119	A51 双手掷体操球（地滚）	0.750
				A52 双手抛体操球	0.250
B 位移性动作技能	0.5	B1 平衡类动作（动态）	0.34	B11 直线后退走	0.500
				B12 直线向前蹲走	0.250
				B13 体操凳爬行	0.250
		B2 移动类动作	0.258	B21 二十米直线跑动	0.500
				B22 圆形跑	0.500
		B3 跳跃类动作	0.195	B31 双脚跳（不摆臂）	0.667
				B32 单脚跳（不摆臂）	0.333
		B4 攀爬类动作	0.119	B41 手膝着地向前爬行	0.550
				B42 手脚着地向前爬行	0.240
				B43 匍匐爬	0.210
		B5 滚翻类动作	0.088	B51 平躺滚	1.000

2. 4～5 岁儿童动作技能发展内容体系三级指标判断矩阵及权重值

表 4-32　平衡类动作（静态）三级指标判断矩阵及权重值

C_K	A11	A12	A13	A14	A15	权重
A11	1	2	2	1	3	0.304
A12	1/2	1	2	2	2	0.244
A13	1/2	1/2	1	2	3	0.201
A14	1	1/2	1/2	1	2	0.161
A15	1/3	1/2	1/3	1/2	1	0.090

通过计算得出：λ_{max} = 5.298，$C.I$ = 0.074，$R.I$ = 1.12，$C.R$ = 0.066，$C.I$、$C.R$ 均<0.10，判断矩阵具有满意一致性。

表4-33 支撑类动作三级指标判断矩阵及权重值

C_K	A31	A32	A33	权重
A31	1	2	3	0.550
A32	1/2	1	1	0.240
A33	1/3	1	1	0.210

通过计算得出：λ_{max} = 3.018，$C.I$ = 0.09，$R.I$ = 0.52，$C.R$ = 0.01，$C.I$、$C.R$ 均<0.10，判断矩阵具有满意一致性。

表4-34 悬垂类动作三级指标判断矩阵及权重值

C_K	A41	A42	A43	权重
A41	1	2	3	0.540
A42	1/2	1	2	0.300
A43	1/3	1/2	1	0.160

通过计算得出：λ_{max} = 3.006，$C.I$ = 0.003，$R.I$ = 0.52，$C.R$ = 0.005，$C.I$、$C.R$ 均<0.10，判断矩阵具有满意一致性。

表4-35 抛接类动作三级指标判断矩阵及权重值

C_K	A51	A52	A53	权重
A51	1	3	2	0.550
A52	1/3	1	1	0.210
A53	1/2	1	1	0.240

通过计算得出：λ_{max} = 3.018，$C.I$ = 0.009，$R.I$ = 0.52，$C.R$ = 0.02，$C.I$、$C.R$ 均<0.10，判断矩阵具有满意一致性。

第四章 基于体操类技术动作的3~6岁儿童动作技能发展内容体系的构建

表4-36 平衡类动作（动态）三级指标判断矩阵及权重值

C_K	B11	B12	B13	B14	B15	权重
B11	1	2	2	1	4	0.319
B12	1/2	1	2	2	2	0.241
B13	1/2	1/2	1	1	3	0.173
B14	1	1/2	1	1	2	0.183
B15	1/4	1/2	1/3	1/2	1	0.084

通过计算得出：λ_{max} = 5.219，$C.I$ = 0.054，$R.I$ = 1.12，$C.R$ = 0.049，$C.I$、$C.R$ 均<0.10，判断矩阵具有满意一致性。

表4-37 移动类动作三级指标判断矩阵及权重值

C_K	B21	B22	B23	B24	权重
B21	1	2	2	3	0.417
B22	1/2	1	2	2	0.266
B23	1/2	1/2	1	3	0.208
B24	1/3	1/2	1/3	1	0.109

通过计算得出：λ_{max} = 4.142，$C.I$ = 0.047，$R.I$ = 0.089，$C.R$ = 0.053，$C.I$、$C.R$ 均<0.10，判断矩阵具有满意一致性。

表4-38 跳跃类动作三级指标判断矩阵及权重值

C_K	B31	B32	B33	B34	权重
B31	1	2	3	2	0.420
B32	1/2	1	2	2	0.269
B33	1/3	1/2	1	3	0.190
B34	1/2	1/2	1/3	1	0.121

通过计算得出：λ_{max} = 4.258，$C.I$ = 0.086，$R.I$ = 0.089，$C.R$ = 0.096，$C.I$、$C.R$ 均<0.10，判断矩阵具有满意一致性。

表 4-39 攀爬类动作三级指标判断矩阵及权重值

C_K	B41	B42	B43	B44	B45	权重
B41	1	2	2	3	4	0.381
B42	1/2	1	2	2	2	0.232
B43	1/2	1/2	1	1	3	0.166
B44	1/3	1/2	1	1	2	0.141
B45	1/4	1/2	1/3	1/2	1	0.081

通过计算得出：$\lambda_{max}=5.117$，$C.I=0.029$，$R.I=1.12$，$C.R=0.026$，$C.I$ 与 $C.R$ 均 <0.10，判断矩阵具有满意一致性。

表 4-40 翻滚类动作三级指标判断矩阵及权重值

C_K	B51	B52	权重
B51	1	2	0.667
B52	1/2	1	0.333

通过计算得出：$\lambda_{max}=2$，$C.I=0$，$R.I=0$，$C.R=0$，$C.I$、$C.R$ 均 <0.10，判断矩阵具有满意一致性。

表 4-41 4~5 岁儿童动作技能发展内容体系权重值

一级指标	权重	二级指标	权重	三级指标	权重
A 非位移性动作技能	0.5	A1 平衡类动作（静态）	0.341	A11 单脚闭眼站立	0.304
				A12 平衡垫双脚蹲姿	0.244
				A13 体操凳坐姿平衡	0.201
				A14 跪姿平衡	0.161
				A15 燕式平衡	0.09
		A2 旋转类动作	0.258	A21 双脚平转	1
		A3 支撑类动作	0.166	A31 站立对墙支撑	0.55
				A32 跪地俯卧撑	0.24
				A33 仰撑	0.21

第四章 基于体操类技术动作的 3~6 岁儿童动作技能发展内容体系的构建

（续表）

一级指标	权重	二级指标	权重	三级指标	权重
A 非位移性动作技能	0.5	A4 悬垂类动作	0.116	A41 单杠悬垂	0.540
				A42 双杠悬垂	0.300
				A43 单杠挂臂悬垂	0.160
		A5 抛接类动作	0.119	A51 双手掷体操球（地滚）	0.550
				A52 双手抛体操球	0.210
				A53 双手接体操球	0.240
B 位移性动作技能	0.5	B1 平衡类动作（动态）	0.34	B11 直线后退走	0.319
				B12 直线向前蹲走	0.241
				B13 体操凳爬行	0.173
				B14 体操凳蹲走	0.183
				B15 体操凳向前行走	0.084
		B2 移动类动作	0.258	B21 二十米直线跑动	0.417
				B22 圆形跑	0.266
				B23 十米后退跑	0.208
				B24 折线跑	0.109
		B3 跳跃类动作	0.195	B31 双脚跳（不摆臂）	0.420
				B32 单脚跳（不摆臂）	0.269
				B33 双脚跳（摆臂）	0.190
				B34 单脚跳（摆臂）	0.121
		B4 攀爬类动作	0.119	B41 手膝着地向前爬行	0.381
				B42 手脚着地向前爬行	0.232
				B43 匍匐爬	0.166
				B44 推小车	0.141
				B45 爬肋木	0.081
		B5 滚翻类动作	0.088	B51 平躺滚	0.667
				B52 仰卧双手抱膝滚成蹲撑	0.333

3.5~6岁儿童动作技能发展内容体系三级指标判断矩阵及权重值

表 4-42　平衡类动作（静态）三级指标判断矩阵及权重值

C_K	A11	A12	A13	A14	A15	A16	A17	A18	权重
A11	1	3	3	4	7	4	5	6	0.349
A12	1/3	1	2	2	2	3	2	4	0.162
A13	1/3	1/2	1	1	2	4	3	5	0.14
A14	1/4	1/2	1	1	3	5	2	4	0.135
A15	1/7	1/2	1/5	1/3	1	1	3	4	0.067
A16	1/4	1/3	1/4	1/2	1	1	3	2	0.068
A17	1/5	1/2	1/3	1/2	1/3	1/3	1	2	0.048
A18	1/6	1/4	1/5	1/4	1/4	1/2	1/2	1	0.031

通过计算得出：$\lambda_{max}=8.666$，$C.I=0.095$，$R.I=1.41$，$C.R=0.068$，$C.I$、$C.R$ 均<0.10，判断矩阵具有满意一致性。

表 4-43　旋转类动作三级指标判断矩阵及权重值

C_K	A21	A22	权重
A21	1	2	0.667
A22	1/2	1	0.333

通过计算得出：$\lambda_{max}=2$，$C.I=0$，$R.I=0$，$C.R=0$，$C.I$、$C.R$ 均<0.10，判断矩阵具有满意一致性。

表 4-44　支撑类动作三级指标判断矩阵及权重值

C_K	A31	A32	A33	A34	A35	A36	权重
A31	1	2	3	2	4	3	0.328
A32	0.5	1	2	2	3	4	0.242
A33	0.333	0.5	1	3	2	3	0.171
A34	0.5	0.5	0.333	1	1	2	0.106
A35	0.25	0.333	0.5	1	1	2	0.094
A36	0.333	0.25	0.333	0.5	0.5	1	0.062

通过计算得出：$\lambda_{max} = 6.264$，$C.I = 0.051$，$R.I = 1.26$，$C.R = 0.042$，$C.I$、$C.R$ 均<0.10，判断矩阵具有满意一致性。

表 4-45 悬垂类动作三级指标判断矩阵及权重值

C_K	A41	A42	A43	A44	A45	权重
A41	1	2	3	3	4	0.403
A42	1/2	1	2	2	2	0.226
A43	1/3	1/2	1	2	3	0.171
A44	1/3	1/2	1/2	1	2	0.120
A45	1/4	1/2	1/3	1/2	1	0.079

通过计算得出：$\lambda_{max} = 5.15$，$C.I = 0.037$，$R.I = 1.12$，$C.R = 0.033$，$C.I$、$C.R$ 均<0.10，判断矩阵具有满意一致性。

表 4-46 抛接类动作三级指标判断矩阵及权重值

C_K	A51	A52	A53	A54	A55	A56	权重
A51	1	2	3	2	5	3	0.332
A52	1/2	1	2	2	3	4	0.237
A53	1/3	1/2	1	3	3	3	0.179
A54	1/2	1/2	1/3	1	2	2	0.116
A55	1/5	1/3	1/3	1/2	1	2	0.074
A56	1/3	1/4	1/3	1/2	1/2	1	0.061

通过计算得出：$\lambda_{max} = 6.311$，$C.I = 0.062$，$R.I = 1.26$，$C.R = 0.049$，$C.I$、$C.R$ 均<0.10，判断矩阵具有满意一致性。

表 4-47 平衡类动作（动态）三级指标判断矩阵及权重值

C_K	B11	B12	B13	B14	B15	B16	权重
B11	1	3	4	4	2	3	0.361
B12	1/3	1	2	3	4	3	0.239
B13	1/4	1/2	1	1	2	2	0.117
B14	1/4	1/3	1	1	2	2	0.125
B15	1/2	1/4	1/2	1/2	1	2	0.089
B16	1/3	1/3	1/2	1/2	1/2	1	0.069

通过计算得出：$\lambda_{max} = 6.401$，$C.I = 0.08$，$R.I = 1.26$，$C.R = 0.064$，$C.I$、$C.R$ 均<0.10，判断矩阵具有满意一致性。

表 4-48　移动类动作三级指标判断矩阵及权重值

C_K	B21	B22	B23	B24	B25	B26	权重
B21	1	3	3	4	5	3	0.383
B22	1/3	1	2	2	3	4	0.213
B23	1/3	1/2	1	3	3	3	0.172
B24	1/4	1/2	1/3	1	2	3	0.106
B25	1/5	1/3	1/3	1.2	1	2	0.071
B26	1/3	1/4	1/3	1/2	1/2	1	0.055

通过计算得出：$\lambda_{max} = 6.396$，$C.I = 0.079$，$R.I = 1.26$，$C.R = 0.063$，$C.I$、$C.R$ 均<0.10，判断矩阵具有满意一致性。

表 4-49　跳跃类动作三级指标判断矩阵及权重值

C_K	B31	B32	B33	B34	B35	B36	B37	权重
B31	1	1	2	4	4	6	3	0.290
B32	1	1	3	2	3	3	4	0.252
B33	1/2	1/3	1	1	3	2	5	0.147
B34	1/4	1/2	1	1	4	2	2	0.129
B35	1/4	1/3	1/3	1/4	1	3	2	0.074
B36	1/6	1/2	1/3	1/2	1/3	1	2	0.060
B37	1/3	1/4	1/5	1/2	1/2	1/2	1	0.048

通过计算得出：$\lambda_{max} = 7.595$，$C.I = 0.099$，$R.I = 1.36$，$C.R = 0.073$，$C.I$、$C.R$ 均<0.10，判断矩阵具有满意一致性。

表 4-50　攀爬类动作三级指标判断矩阵及权重值

C_K	B41	B42	B43	B44	B45	B46	权重
B41	1	3	3	4	5	3	0.378
B42	1/3	1	2	2	4	4	0.221
B43	1/3	1/2	1	3	3	3	0.170

第四章 基于体操类技术动作的3～6岁儿童动作技能发展内容体系的构建

(续表)

C_K	B41	B42	B43	B44	B45	B46	权重
B44	1/4	1/2	1/2	1	2	2	0.105
B45	1/5	1/4	1/3	1/2	1	3	0.072
B46	1/3	1/4	1/3	1/2	1/3	1	0.054

通过计算得出：$\lambda_{max} = 6.6494$，$C.I = 0.099$，$R.I = 1.26$，$C.R = 0.078$，$C.I$、$C.R$ 均<0.10，判断矩阵具有满意一致性。

表4-51 翻滚类动作三级指标判断矩阵及权重值

C_K	B51	B52	B53	B54	B55	B56	权重
B51	1	2	3	5	4	3	0.354
B52	1/2	1	2	3	4	4	0.253
B53	1/3	1/2	1	3	3	3	0.17
B54	1/5	1/3	1/2	1	2	2	0.095
B55	1/4	1/4	1/3	1/2	1	3	0.074
B56	1/3	1/4	1/3	1/2	1/3	1	0.054

通过计算得出：$\lambda_{max} = 6.446$，$C.I = 0.089$，$R.I = 1.26$，$C.R = 0.071$，$C.I$、$C.R$ 均<0.10，判断矩阵具有满意一致性。

表4-52 5～6岁儿童动作技能发展内容体系权重值

一级指标	权重	二级指标	权重	三级指标	权重
A 非位移性动作技能	0.5	A1 平衡类动作（静态）	0.341	A11 单腿闭眼站立	0.349
				A12 平衡垫双脚蹲姿	0.162
				A13 体操凳坐姿平衡	0.14
				A14 跪姿平衡	0.135
				A15 燕式平衡	0.067
				A16 体操垫坐姿V字平衡	0.068
				A17 平衡垫双脚站立	0.048
				A18 平衡垫单脚站立	0.031

(续表)

一级指标	权重	二级指标	权重	三级指标	权重
A 非位移性动作技能	0.5	A2 旋转类动作	0.258	A21 双脚平转	0.667
				A22 单脚平转	0.333
		A3 支撑类动作	0.166	A31 站立对墙支撑	0.328
				A32 跪地俯卧撑	0.242
				A33 仰撑	0.171
				A34 俯卧撑	0.106
				A35 单杠支撑	0.094
				A36 肩肘倒立	0.062
		A4 悬垂类动作	0.116	A41 单杠悬垂	0.403
				A42 双杠悬垂	0.226
				A43 单杠挂臂悬垂	0.171
				A44 单杠挂肘悬垂	0.120
				A45 肋木膝勾悬垂	0.079
		A5 抛接类动作	0.119	A51 双手掷体操球（地滚）	0.332
				A52 双手抛体操球	0.237
				A53 双手接体操球	0.179
				A54 单手下手抛体操棒	0.116
				A55 单手上手抛体操棒	0.074
				A56 后抛体操棒	0.061
B 位移性动作技能	0.5	B1 平衡类动作（动态）	0.34	B11 直线后退走	0.361
				B12 直线向前蹲走	0.239
				B13 体操凳爬行	0.117
				B14 体操凳蹲走	0.125
				B15 体操凳向前行走	0.089
				B16 平衡木行走	0.069
		B2 移动类动作	0.258	B21 二十米直线跑动	0.383
				B22 圆形跑	0.213

第四章 基于体操类技术动作的 3~6 岁儿童动作技能发展内容体系的构建

（续表）

一级指标	权重	二级指标	权重	三级指标	权重
B 位移性动作技能	0.5	B2 移动类动作	0.258	B23 十米后退跑	0.172
				B24 折线跑	0.106
				B25 前滑步	0.071
				B26 侧滑步	0.055
		B3 跳跃类动作	0.195	B31 双脚跳（不摆臂）	0.290
				B32 单脚跳（不摆臂）	0.252
				B33 双脚跳（摆臂）	0.147
				B34 单脚跳（摆臂）	0.129
				B35 旋转跳	0.074
				B36 纵跳	0.060
				B37 立定跳远	0.048
		B4 攀爬类动作	0.119	B41 手膝着地向前爬行	0.378
				B42 手脚着地向前爬行	0.221
				B43 匍匐爬	0.170
				B44 推小车	0.105
				B45 爬肋木	0.072
				B46 爬绳梯	0.054
		B5 滚翻类动作	0.088	B51 平躺滚	0.354
				B52 仰卧双手抱膝滚成蹲撑	0.253
				B53 支撑滚动	0.170
				B54 单肩后滚翻成跪撑	0.095
				B55 前滚翻	0.074
				B56 单杠前翻上	0.054

第五章 儿童动作技能发展教学方案设计与实验

儿童动作技能发展实证研究的目的：一是验证体操类技术动作对3～6岁儿童动作技能发展的有效性，具体而言，根据预实验测试的结果，确定选择哪种类型动作技能和实验对象来进行教学实验；二是根据模型和内容体系设计3～6岁儿童动作技能发展的教学方案，为3～6岁儿童动作技能发展提供可操作性的教学方案。通过实证研究，平衡类动作技能教学中，对照组儿童按教学进度进行为期6周的常规体育活动教学，八个观测指标的值有一定程度的提高，但提高的幅度不大，对八个观测指标前测与后测数据进行统计学分析，统计结果显示 P 值均大于0.05，说明前测与后测指标不具有显著性差异；实验组儿童进行为期6周的平衡类动作技能发展教学实验后，八个观测指标的水平有明显的提高，提高幅度较大，对八个观测指标前测与后测结果进行统计学分析，其 P 值均小于0.01，说明具有高度显著性差异；滚翻类动作技能教学中，对照组儿童按教学进度进行为期6周的常规体育教学，四个观测指标有一定程度的提高，但提高的幅度不大，对四个观测指标前测与后测数据进行统计学分析，其 P 值均大于0.05，表明不具有显著性差异；实验组儿童经过6周的滚翻类动作技能教学实验后，四个观测指标的水平有明显的提高，且提高幅度较高，对四个观测指标前测与后测数据进行统计学分析，其 P 值均小于0.01，表明具有高度显著性差异。

6周的教学实验后，进行平衡动作技能教学的实验组儿童八个观测指标提高的幅度要明显高于对照组儿童；进行滚翻动作技能教学的实验组儿童四个观测指标提高的幅度要明显高于进行常规体育活动的对照组儿童，从而验证了教学方案对促进儿童动作技能发展的有效性。

第一节　儿童动作技能发展教学方案设计理论探讨

一、动作技能的选择依据

在进行教学设计前，进行了验证性的预实验测试。选取少数实验对象进行小规模的实验，其主要目的是对筛选的儿童动作技能发展观测指标进行验证性测试，了解实验对象是否能够完成设计的干预内容，验证儿童完成的可行性，确定动作作为观测指标的可行性，进行预实验可以让研究者充分了解实验场地、器材设施等条件、受试儿童的基本情况，为教学方案和教学实验选择合理的内容提供参考，为教学方案的设计提供依据。

选取天津市河北区红星乐其幼儿园 122 名儿童（3~4 岁 30 名、4~5 岁 60 名、5~6 岁 32 名）和天津市西青区为明幼儿园 75 名（3~4 岁 24 名、4~5 岁 28 名、5~6 岁 23 名）对不同类型动作技能进行了为期 2 周（时间安排在 2017 年 11 月 6—17 日）的预实验测试。

测试过程中发现，3~4 岁儿童对于不同类型动作完成的质量不高，需要经过多次示范、讲解或者辅助，才能达到完成动作的要求，大部分动作完成情况为 20%~40%；对于 4~5 岁儿童来说，经过一年的幼儿园教育，对动作模仿和语言的理解能力有了较大的提升，完成动作的质量有了明显的提高，大部分动作完成情况为 30%~50%；对于 5~6 岁儿童来说，其理解能力和身体素质得到了进一步的发展，其完成动作的能力得到进一步的提升，不仅能够完成动作，且完成动作的质量较高，大部分动作的完成情况为 50%~70%。

综合考虑儿童完成动作技能预测试情况，天气、季节等自然因素的影响，以及幼儿园的实际情况，选择了适合在室内进行的平衡类动作和滚翻类动作技能进行教学实验，选择的实验对象为能力和可塑性较好的 5~6 岁大班儿童，班级中不足 5 周岁和超过 6 周岁的儿童，正常对其进行教学、测试，但在进行统计分析时剔除了不符合年龄要求儿童的数据，以减少样本的误差，使研究结果更加科学严谨。

二、教学方案设计指导思想

儿童动作技能的发展有其阶段性的特征，特别是 3~6 岁的儿童，多种动作技能处于发展的"开窗期"或"敏感期"。体操项目动作与人体动作技能发展关系最为密切,人类生存所必须的运动技能中体操项目所占的比重最大,体操项目动作技术是与人类自然生长活动最相近的运动项目。儿童的基本身体活动能力中走、跑、跳、攀登、爬钻、滚翻等基本能力,与体操项目中平衡类、移动类、跳跃类、悬垂类、攀爬类、滚翻类、抛接类、旋转类、支撑类、钻越类等十种动作的技术动作内容关联度高。依据构建的内容体系和预实验测试的实际情况,全面考虑教学实验进行的时间、地点、教学对象等客观条件,确定了8个平衡类动作技能观测指标和4个滚翻类动作技能观测指标,围绕观测指标在幼儿园原有体育教学计划的基础上设计了促进儿童平衡能力和滚翻能力发展的教学方案[1],进行为期六周的教学实验,对观测指标进行实验前、后测试,运用统计学方法对其进行比较研究,验证教学方案设计的有效性[2]。

第二节 平衡类动作技能发展教学方案设计与实验

一、教学方案设计

(一)教学目标

总体目标:发展5~6岁儿童的平衡能力。

具体目标:通过为期6周的教学实验,让儿童能够掌握发展平衡能力的练习手段,能够熟练运用教学方案设计的各种辅助器械进行练习,提高儿童与同伴合作完成动作的能力,在促进儿童平衡能力发展的同时,使儿童在身体活动、表现和创造等方面的能力得到有效的发展,从而使儿童的意志品质得到明显提高。

(二)教学任务

①根据平衡类动作分类和儿童身心发育特征,设计促进平衡能力发展的教学方案,以促进儿童平衡能力发展[3]。

②将设计的教学方案用于儿童日常体育教学,运用循环练习法、游戏练习

---

[1] 毛振明,何平. 体育趣味课课练1260例(第三册)[M]. 北京:北京师范大学出版社,2016.
[2] 邹师. 幼儿园体育游戏教学设计[M]. 北京:高等教育出版社,2013.
[3] 周毅,庄弼,辛利. 儿童早期发展与教育中最重要的内容:动作教育与综合训练[J]. 广州体育学院学报,2014,34(6):108-112,120.

法、重复练习法和比赛练习法等教学方法进行练习，促使儿童能够掌握各种平衡动作技能，以达到发展儿童平衡能力的目的①。

（三）教学组织与要求

1. 教学组织

①教师在准备部分要用情景引入的方式，向儿童传达本次课学习的主要内容。
②教师带领儿童做好充分的热身练习，对各关节进行必要的活动。
③教师进行正确的示范并进行简单的讲解，对学习的重、难点进行正面、侧面等多角度的示范。
④在队伍的前方，采用背面领做的方式，带领儿童进行模仿练习。
⑤班级任课教师需在儿童练习时，作为课程教学助手，对儿童出现的错误、不规范动作进行纠正，对无法完成动作的儿童给予帮助，让其体会如何能够完成动作。
⑥对于已经掌握的动作技能，运用教学比赛法进行练习，巩固动作技能掌握的程度，同时提高儿童练习的积极性。
⑦在掌握了一定数量的动作技能之后，可将儿童分为红、黄、蓝三组进行分组循环练习。

2. 教学要求

①为了提高教学的效率，教师在准备环节要对教授的技术动作进行详细的分析，充分考虑3～6岁儿童生长发育特征，将动作技能进行分解，对每一分解部分进行教授。
②教学环节要求教师示范多、讲解少，用最通俗的、儿童能听懂的语言进行讲解，带领儿童多进行模仿练习。
③多种教学方法的综合运用，尤其是在课程导入环节，要注意运用现代媒体技术，以增加儿童对所学内容的感性和直观的感觉。
④儿童在练习环节，对出现的错误动作，要有针对性地帮助儿童完成正确动作的体验。
⑤教学过程应遵循动静结合的原则，避免一节课单一的静力练习，将静力练

---

①Brown C G. Improving fine motor skills in young children: an intervention study [J]. Educational Psychology in Practice, 2010, 26 (3): 269-278.

习与动力练习有机结合起来。

⑥练习中要避免一侧肢体的过度练习,注重儿童身体全面均衡发展。

⑦对于学习的内容,让儿童能体会完成动作的乐趣,对于复习的内容要注意逐渐提高动作完成的规格。

(四)教学材料准备

1. 教学计划

平衡类动作技能 6 周教学计划如表 5-1 所示。

表 5-1　平衡类动作技能 6 周教学计划

周次	主要教学内容
1	观测指标前测、支撑面变化平衡动作技能练习
2	支撑面变化平衡动作技能练习、爬行动作技能练习
3	重心变化平衡动作技能练习
4	支撑面稳定性变化动作技能练习
5	蹲姿和站立行走平衡动作技能练习、综合类平衡能力练习
6	综合类平衡能力练习、观测指标后测

2. 教学进度安排

平衡类动作技能教学进度安排如表 5-2 所示。

表 5-2　平衡类动作技能教学进度安排

周次	课次	教学内容
1	1、2	观测指标实验前测
1	3	各种腿部支撑的练习
1	4	各种腿部支撑的练习
2	5	各种腿部支撑的练习
2	6	坐姿控平衡练习和各种走的练习
2	7	坐姿控平衡练习和各种爬行动作练习
2	8	各种爬行动作的练习

(续表)

周次	课次	教学内容
3	9	各种爬行动作的练习和蹲姿平衡练习
3	10	重心变化类动作练习
3	11	身体重心变化平衡动作循环练习
3	12	支撑面面积变化的平衡类动作练习
4	13	支撑面面积变化的平衡类动作练习
4	14	综合平衡动作循环练习
4	15	借助支撑面不稳定性的身体平衡练习
4	16	综合类器械体操循环练习
5	17	综合类器械体操循环练习
5	18	综合辅助器械平衡能力循环练习
5	19	综合辅助器械平衡能力循环练习
5	20	平衡能力综合设计练习
6	21	平衡能力综合设计练习
6	22	平衡能力综合设计练习
6	23、24	观测指标实验后测

3. 教案

教案详见附录五。

二、教学实验实施

（一）教学条件

1. 实验时间

2017年11月20日至12月29日，周二至周五上午9：30—10：10。

2. 实验地点

山东省枣庄市实验幼儿园。

3. 实验对象

实验组：枣庄市实验幼儿园大三班儿童28名。

依据教学计划安排体育课程时间，实验组儿童进行为期6周有关平衡类动作技能学习的教学。

对照组：枣庄市实验幼儿园大四班儿童30名。

按照幼儿园教学计划开展6周的常规体育活动教学。

4. 场地器材

室内活动教室、硬质塑胶垫、海绵垫、平衡垫、体操凳、平衡木、瑞士球、秒表等。

（二）教学方法

1. 演示法

演示法是指通过展示各种实物、挂图等示范性图片，或通过现代化教学手段，运用多媒体设备，为儿童展示直观的图像，让儿童对所要学习的内容具有一定的感性认识。演示法的运用对提高儿童的学习兴趣、发展观察能力和抽象思维能力，以及减少学习中的困难有重要作用[①]。

2. 教学示范法

教学示范法是体育教学中最常用的一种直观教学模式，是指教师通过具体的教学示范，使儿童在头脑中建立起所要学习动作的表象，获得必要的直观感受，提高儿童掌握动作要领的效率和学习的兴趣，从而激发儿童的学习积极性。儿童的许多行为并非通过直接实践或受到强化形成的，而是通过观察教师示范建立直观感受，通过多次的模仿，来逐渐强化动作完成的质量。教学示范法的目的是使儿童在观察教师完成的示范后，在头脑中建立简单的记忆表象，经过重复的模仿，建立正确的动作概念，因此示范法要根据教学任务、教学步骤，以及儿童可能接受的具体情况科学的安排。

3. 游戏练习法

游戏练习法从字面意义来看，就是在教学过程中，以游戏的形式进行教学与

---

① 张莹. 动作发展视角下的幼儿体育活动内容实证研究 [J]. 北京体育大学学报, 2012, 35 (3): 133-138.

练习，使儿童在轻松愉快的氛围中，在游戏性活动中，潜移默化地掌握设计的教学内容，其实质就是将游戏与教学有机结合在一起，提高儿童的学习兴趣，促进教学任务完成的方法。

4. 循环练习法

循环练习法是指教师根据课堂教学的具体任务，用简单易行的动作组成固定不变的练习"流程"，建立若干练习站或练习点，每个"站"都有不同的负荷和不同的作用，儿童按照规定的顺序、路线、不停地变化练习内容，依次完成每个站的练习任务，反复进行强化练习的方法，是学校体育教学中常用的教学方法之一。循环训练法有较强的针对性，既能激起儿童的练习兴趣，又能提高儿童的练习积极性。由于循环训练法可以在不同的"站"安排不同的动作、不同的难度来调节循环过程中的运动负荷大小，这就使循环练习过程具有很高的灵活性和均衡性[1]。

5. 教学比赛法

教学比赛法是指在教学过程中，为了提高儿童的兴趣，将班级人数分成均等的几组，以个人或集体完成的形式进行比赛，通过比赛促进儿童更好地掌握动作技能，从而提高掌握动作技能的效率。

（三）教学内容

1. 非位移状态下平衡动作技能教学实验

（1）模块一：身体支撑面大小变化对儿童平衡能力影响的教学素材[2]（表5-3）

表5-3 身体支撑面大小变化教学素材[3]

动作名称	动作规格	动作难度变化
单腿站立	单腿站立，另一条腿大腿抬起，与地面平行，小腿与地面垂直，脚尖稍微下压，目视前方，左右脚交替练习	两臂分别呈侧平举、抱头、上举、背手、自然下垂等多种姿势变换来调整练习难度

---

[1] 谢庆伟. 循环练习法在体育课中的应用 [J]. 武汉体育学院学报，2002（5）：45-47.
[2] 吴升扣，姜桂萍，张首文，等. 3~6岁幼儿静态平衡能力特征及粗大动作发展水平研究 [J]. 中国运动医学杂志，2014，33（7）：651-657.
[3] 毛振明，何平. 体育趣味课课练1260例 [M]. 北京：北京师范大学出版社，2016.

(续表)

动作名称	动作规格	动作难度变化
双脚站立提踵练习	由直立姿势开始，目视前方，踝关节发力，将脚跟提起，用脚尖支撑身体进行练习	两手臂分别呈侧平举、抱头、上举、背手、自然下垂等多种姿势变化来调整练习难度
单脚站立提踵练习	由直立姿势开始，单脚站立，踝关节发力，将脚跟提起，用脚尖支撑身体，左右脚交替练习	两臂分别呈侧平举、抱头、上举、背手、自然下垂等多种姿势改变练习难度
坐姿平衡	坐在体操垫、体操凳、平衡木等器械上，保持腰腹部的紧张，手脚不着地来控制身体平衡	两臂分别呈侧平举、抱头、上举、背手、自然下垂等多种姿势改变练习难度；两腿分别呈伸直、弯曲两种姿势来调整练习难度

（2）模块二：身体重心高低变化对儿童平衡能力影响的教学素材（表5-4）

表5-4 身体重心高低变化教学素材

动作名称	动作规格	动作难度变化
深蹲练习	双腿开立与肩同宽，双腿下蹲，膝关节朝前，始终保持全脚掌着地	两臂分别呈前平举、侧平举、抱头、上举、背手、自然下垂等多种姿势来调整练习的难度
单腿半蹲练习	一腿全脚掌着地，另一腿提起，两臂侧平举，成半蹲姿势	从臂的变化、支撑面松软度变化调整练习的难度
燕式平衡练习	两人合作，一名儿童单脚站立，身体前倾，另一腿向后伸直与地面平行，两手扶另一名儿童肩膀	从两人合作练习，独立练习，动作完成规格要求、支撑面弹性变化等方面调整练习难度
跳跳虫练习	两脚并拢直立开始，跳起左右分腿落地，两臂自然放在体侧	通过改变手臂姿势和分腿的幅度来调整练习的难度

（3）模块三：身体重心倾斜角变化对儿童平衡能力影响的教学素材（表5-5）

表5-5 身体重心倾斜角变化教学素材

动作名称	动作规格	动作难度变化
垫上脚踏车	坐在平衡垫上，两手支撑地面，双脚离地模仿骑自行车时蹬车的动作	通过动作规格要求调整练习难度

（续表）

动作名称	动作规格	动作难度变化
不倒翁	双脚并拢蹲在平衡垫上做前后、左右摇晃并维持身体平衡	通过改变手臂姿势来调整练习难度
跷跷板	儿童仰卧屈膝，两手抱膝关节后侧，利用臀部和背部做摇晃动作，头和脚不能接触海绵垫	通过动作规格要求和改变支撑面的柔软度调整练习难度
大鹏展翅	两名儿童合作完成，一名儿童两脚并拢俯卧，大腿部位靠在体操凳上，另一名儿童分腿夹住俯卧儿童的双腿，俯卧儿童模仿大鹏鸟展翅飞翔的动作	通过改变手臂姿势来调整练习难度

2. 位移状态下平衡能力教学实验

（1）模块一：四肢爬行动作对儿童平衡能力影响的教学素材（表5-6）

表5-6　爬行动作教学素材

动作名称	动作规格	动作难度变化
婴儿爬	两臂伸直，两膝着地爬行	通过动作规格要求和接触面的柔软度来调整动作难度
蝎子爬	两臂伸直，两脚着地爬行	通过动作规格要求和接触面的柔软度来调整动作难度
蚂蚱爬	身体仰卧，两臂伸直支撑，屈膝爬行	通过动作规格要求和接触面的柔软度来调整动作难度
体操凳爬行	身体俯卧，两臂伸直，两膝着地在体操凳爬行	通过动作规格要求和完成时间来调整动作难度

（2）模块二：蹲姿行走对儿童平衡能力影响的教学素材（表5-7）

表5-7　蹲姿动作教学素材

动作名称	动作规格	动作难度变化
半蹲正向行走	两腿保持半蹲姿势，两手放在身后，向前行走	通过改变手臂的姿势和接触面的柔软度来调整动作难度
深蹲正向行走	两腿保持深蹲姿势，两手放在身后，向前行走	通过改变手臂的姿势和接触面的柔软度来调整动作难度

(续表)

动作名称	动作规格	动作难度变化
蹲姿侧向行走	两腿保持深蹲姿势，两手呈侧平举，侧向行走	通过改变手臂的姿势和接触面的柔软度来调整动作难度
蹲姿体操凳行走	站在体操凳上，两腿保持深蹲姿势，两臂侧平举，向前行走	通过改变手臂的姿势来调整动作难度

（3）模块三：立姿行走对儿童平衡能力影响的教学素材（表5-8）

表5-8 立姿行走教学素材

动作名称	动作规格	动作难度变化
天鹅走	眼睛平视，提踵直膝行走	通过改变手臂的姿势和接触面的柔软度来调整动作难度
笨熊走	眼睛平视，脚尖抬起、脚跟着地直膝行走	通过改变手臂的姿势和接触面的柔软度来调整动作难度
后退走	身体保持直立，两臂侧平举，沿直线向后行走	通过改变手臂的姿势和接触面的柔软度来调整动作难度
体操凳行走	站在体操凳上，两臂侧平举，从体操凳一端走到另一端	通过改变手臂的姿势来调整动作难度

（四）动作技能观测指标测试方法

1. 单脚闭眼站立测试

①需要器材：秒表。

②测试要求：参照《国民体质测定标准手册（幼儿部分）》中闭目单脚站立的测试标准。单脚站立，受试儿童两臂伸直呈侧平举，全脚掌着地，脚尖朝前，两腿直立并拢，身体稳定时，听到开始口令时，受试儿童闭眼，以习惯支撑（左、右）脚站立，另一条腿屈膝提起脚离地，大腿抬平、小腿垂直于地面，脚尖稍微下压，提起脚不能与另外腿发生任何接触。记录员从受试者闭眼脚离地开始计时，到非支撑脚碰触地面或支撑脚发生移动停表（图5-1）。记录时间以秒（s）为单位，记录的时间保留到小数点后两位，小数点后第三位数按"非零进一"的原则进位。

第五章 儿童动作技能发展教学方案设计与实验

图 5-1 单脚闭眼站立动作

③注意事项：测试人员提醒受试儿童尽量保持身体稳定，测试中要始终闭眼完成，测试过程中，测试人员站在儿童侧前方，给予保护，减轻受试儿童心理压力[①]。每名儿童测试两次，记录最好成绩进行评价，两次测试时间间隔 3 分钟以上。

2. 跪姿平衡测试

①需要器材：体操垫和秒表。

②测试要求：受试儿童单腿跪在体操垫上，当听到开始口令时，另一腿向后伸直举起，脚尖绷紧，两臂成侧平举，抬头目视前方，当身体任何部位触碰地面即停表（图 5-2）。记录时间以秒（s）为单位，记录的时间保留到小数点后两位，小数点后第三位数按"非零进一"的原则进位。

图 5-2 跪姿平衡

③注意事项：记录员半蹲着进行测试，便于观察受试儿童的动作。每名儿童测试两次，记录最好成绩进行评价，两次测试时间间隔 3 分钟以上。

3. 体操凳坐姿 V 字平衡测试

①需要器材：体操凳和秒表

②测试要求：受试儿童坐在体操凳上，两臂呈侧平举，双腿屈膝并拢，受试

[①] 付丽敏，崔景辉，周建伟.6～8 岁男童静态平衡能力测试与评价指标体系的建立 [J]. 中国组织工程研究与临床康复，2009，13（46）：9121-9124.

儿童听到开始口令时，双脚屈膝离地，身体任何一个部位触碰地面即停表（图5-3）。记录时间以秒（s）为单位，记录的时间保留到小数点后两位，小数点后第三位数按"非零进一"的原则进位。

③注意事项：测试人员站在受试儿童侧面，起到保护帮助的作用。记录员半蹲着进行测试，便于观察受试者动作。每名儿童测试两次，记录最好成绩进行评价，两次测试时间间隔3分钟以上。

图5-3 体操凳坐姿V字平衡

4. 燕式平衡测试

①需要器材：秒表。

②测试要求：受试儿童双脚站立，当听到开始口令时，单腿站立，两臂成侧平举，上体前倾下压，另一条腿向后伸直抬起，身体保持紧张，当身体不能保持稳定状态时停止计时（图5-4）。记录时间以秒（s）为单位，记录的时间保留到小数点后两位，小数点后第三位数按"非零进一"的原则进位。

图5-4 燕式平衡

③注意事项：测试人员站在受试儿童侧面，起到保护帮助的作用。每名受试儿童测试两次，记录最好成绩进行评价，两次测试时间间隔3分钟以上。

5. 直线后退走测试

①需要器材：米尺和秒表。

②测试要求：受试儿童背向站在的宽 10 厘米、长 10 米跑道的一端，两臂成侧平举，抬头挺胸，听到开始的口令后，沿直线后退走，当两只脚越过终点线，停止计时（图 5-5）。记录时间以秒（s）为单位，记录的时间保留到小数点后两位，小数点后第三位数按"非零进一"的原则进位。

③注意事项：受试儿童不能回头看，要始终目视前方，要求儿童脚踩地上白线行走。每名儿童测试两次，记录最好成绩进行评价，两次测试时间间隔 3 分钟以上。

图 5-5 直线后退走

6. 直线向前蹲走测试

①需要器材：米尺和秒表。

②测试要求：受试儿童蹲在的宽 10 厘米、长 10 米跑道的一端，两手叉腰，上体保持直立，听到开始的口令后，沿直线向前蹲走，当两只脚越过终点线，停止计时（图 5-6）。记录时间以秒（s）为单位，记录的时间保留到小数点后两位，小数点后第三位数按"非零进一"的原则进位。

图 5-6 直线向前蹲走

③注意事项：蹲走测试过程中，要始终保持蹲姿。双脚始终踩着白线向前运动。每名儿童测试两次，记录最好成绩进行评价，两次测试时间间隔 3 分钟以上。

7. 体操凳爬行测试

①需要器材：体操凳（长 4 米、宽 0.25 米、高 0.3 米）和秒表。

②测试要求：体操凳的两端作为起点线和终点线，两端外摆放与体操凳同等高度的海绵垫作为平台。测试时，受试儿童单膝跪在起点线后的平台上，听到开始口令后，受试儿童双手快速抓住体操凳，手脚交替向体操凳的终点爬行前进。记录员跟随受试儿童移动，当受试儿童的任意手触碰到体操凳终点，停止计时（图5-7）。记录时间以秒（s）为单位，记录的时间保留到小数点后两位，小数点后第三位数按"非零进一"的原则进位。

图5-7 体操凳爬行

③注意事项：测试开始前，受试儿童右膝跪于体操凳上，脚踝置于体操凳起点位置，左脚站立，双手抓住体操凳呈爬行的起始姿势。测试过程中受试儿童中途落地，测试重新进行。受试儿童必须双膝、双手交替爬行前进，双手抓紧体操凳。两侧铺设海绵垫，测试人员站在受试者的一侧前方进行保护，每名儿童测试两次，记录最好成绩进行评价，两次测试时间间隔3分钟以上。

8. 平衡木行走测试

①需要器材：平衡木（长5米，宽0.1米，高0.3米）、体操垫和秒表。

②测试要求：参照《国民体质测定标准手册（幼儿部分）》中平衡木行走的测试标准与方法，平衡木的两端为起点和终点，两端外分别摆放与平衡木同等高度的海绵垫作为平台。测试时，受试儿童站在起点线后的平台上，面向平衡木，两臂成侧平举，测试人员发出"开始"口令后，受试儿童两脚交替向平衡木的另一端前进。测试人员在受试儿童启动同时按秒表计时，并跟随受试儿童向"终点线"行进，同时注意受试儿童的动作，保护受试儿童安全。受试儿童的任意脚的脚尖过"终点线"时，测试人员立即停表（图5-8）。记录时间以秒（s）为单位，记录的时间保留到小数点后两位，小数点后第三位数按"非零进一"

的原则进位。

图 5-8 平衡木行走

③注意事项：测试开始前，受试儿童脚尖不得超过平衡木的边缘；测试过程中受试儿童中途落地，测试重新进行；平衡木两侧铺设海绵垫，测试人员跟随受试儿童移动，起到保护帮助的作用。每名儿童测试两次，记录最好成绩进行评价，两次测试时间间隔3分钟以上。

三、数据分析与讨论

（一）对照组与实验组儿童基本情况和基本身体素质的对比分析

为了保证对照组和实验组两组儿童具有可比性，能进行统计学分析，在进行教学实验前对两组儿童进行测试，分别对儿童的基本情况和基本身体素质进行测试并进行统计学分析。运用独立样本T检验对对照组男、女儿童（14男、16女）进行检验，如表5-9所示，对照组男、女儿童在年龄、身高、体重、二十米跑、原地纵跳、单脚站立6项指标的P值分别为0.973、0.681、0.057、0.063、0.851、0.617，其P值均大于0.05，表明对照组儿童在基本情况和基本能力方面不存在显著性差异；运用独立样本T检验对实验组男、女儿童（14男、14女）进行检验，如表5-10所示，实验组男、女儿童在年龄、身高、体重、二十米跑、原地纵跳、单脚站立6项指标的P值分别为0.455、0.596、0.211、0.466、0.476、0.422，其P值均大于0.05，表明实验组儿童在基本情况和基本身体素质方面不具有显著性差异。

表 5-9　对照组儿童基本情况和基本身体素质对比分析（$n=30$）

指标	男 ($M\pm SD$)	女 ($M\pm SD$)	差值95%置信区间 下限	差值95%置信区间 上限	t	df	P
年龄（m）	65.75±3.19	65.79±2.52	-2.21	2.14	-0.03	28	0.973
身高（cm）	107.19±4.32	107.93±5.51	-4.42	2.94	-0.41	28	0.681
体重（kg）	19.33±1.81	18.14±1.12	0.29	2.45	2.74	28	0.057
二十米跑（s）	6.09±0.17	6.31±0.35	-0.41	0.01	-2.18	28	0.063
原地纵跳（cm）	17.31±1.35	17.43±1.87	-1.33	1.09	-0.19	28	0.851
单脚站立（s）	17.84±1.2	18.04±0.97	-1.03	0.62	-0.52	28	0.617

注：*表示 $P<0.05$，**表示 $P<0.01$。

表 5-10　实验组儿童基本情况和基本身体素质对比分析（$n=28$）

指标	男 ($M\pm SD$)	女 ($M\pm SD$)	差值95%置信区间 下限	差值95%置信区间 上限	t	df	P
年龄（m）	66.29±3.15	65.86±2.98	-1.95	2.81	0.37	26	0.455
身高（cm）	107.71±3.79	110.86±4.35	-6.31	0.03	-2.04	26	0.596
体重（kg）	19.48±2.22	17.78±1.41	0.28	3.16	2.45	26	0.211
二十米跑（s）	6.14±0.16	6.11±0.19	-0.11	0.17	0.42	26	0.466
原地纵跳（cm）	17.86±1.35	17.5±1.65	-0.82	1.53	0.63	26	0.476
单脚站立（s）	18.11±1.87	18.23±2.13	-0.71	0.34	-0.73	26	0.422

注：*表示 $P<0.05$，**表示 $P<0.01$。

对两组儿童基本情况和基本身体素质进行独立样本 T 检验，如表 5-11 所示，其年龄、身高、体重、二十米跑、原地纵跳、单脚站立 6 项指标的 P 值分别为 0.693、0.151、0.880、0.310、0.450、0.950，$P>0.05$，说明对照组与实验组儿童基本情况和基本身体素质不存在差异，选择的两个自然班不具有显著性差异，符合实验分组的要求，可以按照选择的自然班进行正常的教学实验。

第五章 儿童动作技能发展教学方案设计与实验

表 5-11 对照组与实验组儿童基本情况和基本身体素质的对比分析（$n=58$）

指标	对照组 （$M±SD$）	实验组 （$M±SD$）	差值 95% 置信区间 下限	差值 95% 置信区间 上限	t	df	P
年龄（m）	65.81±2.81	66.14±3	-1.85	1.24	-0.39	56	0.693
身高（cm）	107.53±4.76	109.31±4.3	-4.17	0.67	-1.45	56	0.151
体重（kg）	18.68±1.61	18.57±1.8	-0.88	1.02	0.15	56	0.880
二十米跑（s）	6.23±0.33	6.15±0.24	-0.06	0.19	1.03	56	0.310
原地纵跳（cm）	17.35±1.57	17.71±1.52	-1.12	0.5	-0.77	56	0.450
单脚站立（s）	17.91±1.12	18.03±0.71	-0.49	0.46	-0.07	56	0.950

注：*表示 $P<0.05$，**表示 $P<0.01$。

（二）对照组与实验组观测指标实验前测与后测对比分析

为便于前后对比分析，在进行教学实验之前，为对照组和实验组的儿童分别进行编码，对照组儿童编码为 1～30 号，实验组儿童编码为 31～58 号，分别记录 8 个观测指标实验前、后的测试数据，为统计分析做好准备。

1. 对照组儿童观测指标实验前测与后测对比分析

从原始数据看，对照组儿童经过 6 周常规教学后测结果较前测结果有一定程度的增加，但增加幅度不大。运用配对样本 T 检验对前、后测结果进行分析，如表 5-12 所示，可以发现单脚闭眼站立、跪姿平衡、坐姿 V 字平衡、燕式平衡、直线后退走、直线向前蹲走、体操凳爬行、平衡木行走 8 个观测指标的 P 值都大于 0.05，说明对照组儿童平衡动作技能 8 个观测指标前测与后测结果对比不具有显著性差异。分析其原因：一是 5～6 岁儿童处于身体快速发育的阶段，身体各项指标自然增长速度较快；二是前测时每名儿童测试了两遍，大脑皮层中建立了一定的表象，留有一定的痕迹，在 6 周的常规体育课教学中，儿童在体育活动中进行了一定的练习，能在一定程度上提高平衡类动作技能的这 8 个观测指标。

表 5-12　对照组儿童观测指标实验前测与后测对比分析（$n=30$）

指标	前测 ($M\pm SD$)	后测 ($M\pm SD$)	配对差值 平均值	配对差值 标准差	差值95%置信区间 下限	差值95%置信区间 上限	t	df	P
单脚闭眼站立（s）	4.18±1.04	4.2±10.3	-0.01	0.01	-0.02	-0.01	-11.195	29	0.562
跪姿平衡（s）	3.04±0.75	3.06±0.75	-0.02	0.01	-0.02	-0.02	-14.994	29	0.613
坐姿V字平衡（s）	2.88±0.49	2.91±0.49	-0.04	0.01	-0.04	-0.03	-13.654	29	0.157
燕式平衡（s）	2.48±0.35	2.51±0.36	-0.04	0.03	-0.05	-0.02	-5.825	29	0.242
直线后退走（s）	6.5±0.73	6.41±0.73	0.09	0.03	0.08	0.11	15.375	29	0.371
直线向前蹲走（s）	8.35±0.37	8.22±0.36	0.12	0.05	0.11	0.14	14.556	29	0.068
体操凳爬行（s）	6.45±0.3	6.36±0.31	0.08	0.03	0.07	0.09	15.504	29	0.136
平衡木行走（s）	4.27±0.4	4.16±0.41	0.11	0.05	0.09	0.12	13.643	29	0.237

注：*表示$P<0.05$，**表示$P<0.01$。

2. 实验组儿童观测指标实验前与后测对比分析

运用配对样本T检验对实验组儿童前测与后测结果进行统计分析，如表5-13所示，得到闭眼单脚站立、跪姿平衡、坐姿V字平衡、燕式平衡、直线后退走、直线向前蹲走、体操凳爬行、平衡木行走8个观测指标的P值都为0.000，均小于0.01，说明实验组儿童平衡类动作技能8个观测指标前测与后测结果对比具有高度显著性差异。

表 5-13　实验组儿童观测指标前与后测对比分析（$n=28$）

指标	前测 ($M\pm SD$)	后测 ($M\pm SD$)	配对差值 平均值	配对差值 标准差	差值95%置信区间 下限	差值95%置信区间 上限	t	df	P
单脚闭眼站立（s）	4.22±1.21	5.06±1.22	-0.55	0.13	-0.6	-0.51	-31.04	27	0.000**

(续表)

指标	前测(M±SD)	后测(M±SD)	配对差值 平均值	配对差值 标准差	差值95%置信区间 下限	差值95%置信区间 上限	t	df	P
跪姿平衡（s）	2.93±0.81	3.68±0.69	-0.45	0.23	-0.54	-0.36	-42.29	27	0.000**
坐姿V字平衡（s）	2.78±0.62	3.21±0.62	-0.47	0.09	-0.51	-0.44	-27.25	27	0.000**
燕式平衡（s）	2.54±0.38	3.05±0.41	-0.54	0.16	-0.59	-0.48	-17.99	27	0.000**
直线后退走（s）	6.47±0.82	5.91±0.67	0.58	0.24	0.49	0.67	12.89	27	0.000**
直线向前蹲走（s）	8.19±0.34	7.57±0.41	0.62	0.12	0.57	0.66	26.44	27	0.000**
体操凳爬行（s）	6.37±0.33	5.76±0.32	0.58	0.15	0.52	0.64	20.75	27	0.000**
平衡木行走（s）	4.13±0.36	3.68±0.41	0.44	0.12	0.39	0.49	18.86	27	0.000**

注：*表示$P<0.05$，**表示$P<0.01$。

（三）对照组与实验组儿童观测指标对比分析

运用独立样本T检验对两组儿童的前测结果进行统计分析，如表5-14所示，发现在单脚闭眼站立、跪姿平衡、坐姿V字平衡、燕式平衡、直线后退走、直线向前蹲走、体操凳爬行、平衡木行走8个观测指标的P值分别为0.473、0.956、0.232、0.251、0.846、0.506、0.570、0.720，其P值均大于0.05，说明对照组和实验组儿童平衡类动作技能8个观测指标前测结果对比不具有显著性差异。

表5-14　对照组与实验组儿童观测指标前测对比分析（$n=58$）

指标	对照组(M±SD)	实验组(M±SD)	差值95%置信区间 下限	差值95%置信区间 上限	t	df	P
单脚闭眼站立（s）	4.22±1.03	4.22±1.24	-0.63	0.55	-0.13	56	0.473
跪姿平衡（s）	3.04±0.78	2.91±0.82	-0.31	0.49	0.47	56	0.956

(续表)

指标	对照组 ($M \pm SD$)	实验组 ($M \pm SD$)	差值95%置信区间 下限	差值95%置信区间 上限	t	df	P
坐姿V字平衡（s）	2.92±0.52	2.81±0.58	-0.24	0.35	0.35	56	0.232
燕式平衡（s）	2.53±0.41	2.52±0.42	-0.19	0.21	0.11	56	0.251
直线后退走（s）	6.47±0.72	6.53±0.81	-0.41	0.41	-0.01	56	0.846
直线向前蹲走（s）	8.32±0.44	8.18±0.28	-0.03	0.33	1.64	56	0.506
体操凳爬行（s）	6.44±0.31	6.37±0.32	-0.11	0.21	0.65	56	0.570
平衡木行走（s）	4.32±0.34	4.18±0.41	-0.06	0.36	1.44	56	0.720

注：*表示$P<0.05$，**表示$P<0.01$。

运用独立样本T检验对两组儿童后测结果进行统计学分析，如表5-15所示，发现在单脚闭眼站立、跪姿平衡、燕式平衡、直线向前蹲走、体操凳爬行、平衡木行走6个观测指标的P值都为0.000，均小于0.01，说明具有高度显著性差异，而坐姿V字平衡、直线后退走2个观测指标的P值分别为0.012、0.011，均小于0.05，说明对照组与实验组儿童8个观测指标后测结果具有显著性差异。

表5-15 对照组与实验组儿童观测指标后测对比分析（$n=58$）

指标	对照组 ($M \pm SD$)	实验组 ($M \pm SD$)	差值95%置信区间 下限	差值95%置信区间 上限	t	df	P
单脚闭眼站立（s）	4.2±10.3	5.06±1.22	-1.42	-0.24	-2.82	56	0.000**
跪姿平衡（s）	3.06±0.75	3.68±0.69	-1.11	-0.33	-3.71	56	0.000**
坐姿V字平衡（s）	2.91±0.49	3.21±0.62	-0.68	-0.09	-2.59	56	0.012*
燕式平衡（s）	2.51±0.36	3.05±0.41	-0.7	-0.28	-4.62	56	0.000**
直线后退走（s）	6.41±0.73	5.91±0.67	0.12	0.88	2.64	56	0.011*
直线向前蹲走（s）	8.22±0.36	7.57±0.41	0.46	0.83	6.91	56	0.000**
体操凳爬行（s）	6.36±0.31	5.76±0.32	0.39	0.71	6.85	56	0.000**
平衡木行走（s）	4.16±0.41	3.68±0.41	0.28	0.69	4.66	56	0.000**

注：*表示$P<0.05$，**表示$P<0.01$。

（四）对照组和实验组儿童观测指标提高值的对比分析

运用独立样本 T 检验对两组儿童实验后各个观测指标提高值进行统计学分析，如表 5-16 所示，发现在闭眼单脚站立、跪姿平衡、坐姿 V 字平衡、燕式平衡、直线后退走、直线向前蹲走、体操凳爬行、平衡木行走 8 个观测指标的 P 值都为 0.000，均小于 0.01，说明对照组与实验组儿童提高水平具有高度显著性差异。

表 5-16 对照组与实验组儿童观测指标提高值对比分析（$n=58$）

指标	对照组 ($M\pm SD$)	实验组 ($M\pm SD$)	差值95%置信区间 下限	差值95%置信区间 上限	t	df	P
单脚闭眼站立（s）	0.01±0.007	0.81±0.148	-0.84	-0.74	-31.56	56	0.000**
跪姿平衡（s）	0.02±0.008	0.84±0.105	-0.85	-0.78	-42.54	56	0.000**
坐姿 V 字平衡（s）	0.04±0.014	0.47±0.092	-0.47	-0.4	-25.76	56	0.000**
燕式平衡（s）	0.04±0.034	0.54±0.158	-0.56	-0.44	-16.94	56	0.000**
直线后退走（s）	0.09±0.033	0.58±0.239	-0.58	-0.39	-11.09	56	0.000**
直线向前蹲走（s）	0.08±0.046	0.62±0.123	-0.54	-0.44	-20.44	56	0.000**
体操凳爬行（s）	0.08±0.029	0.58±0.148	-0.55	-0.44	-17.96	56	0.000**
平衡木行走（s）	0.11±0.04	0.57±0.135	-0.39	-0.29	-14.01	56	0.000**

注：*表示 $P<0.05$，**表示 $P<0.01$。

从图 5-9 可以看出，经过 6 周的教学实验，实验组儿童平衡能力的 8 个观测指标提高幅度均高于对照组儿童，提高值具有显著性差异，说明实验组儿童经过 6 周的干预教学实验后，平衡能力得到了有效的提升。从图 5-10 来看，实验组儿童 8 个观测指标提高值的百分比明显高于对照组儿童，跪姿平衡指标提高幅度达到 28.87%，而对照组儿童提高幅度最大的为平衡木行走，仅为 2.55%。

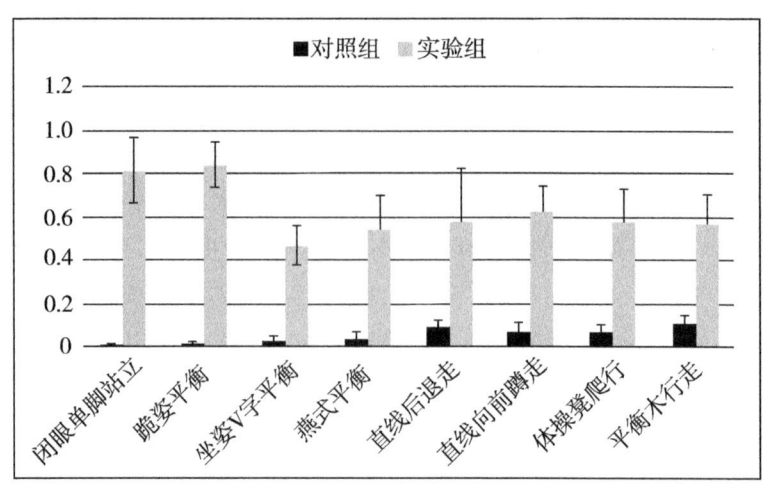

图 5-9 对照组与实验组儿童观测指标提高值的对比图

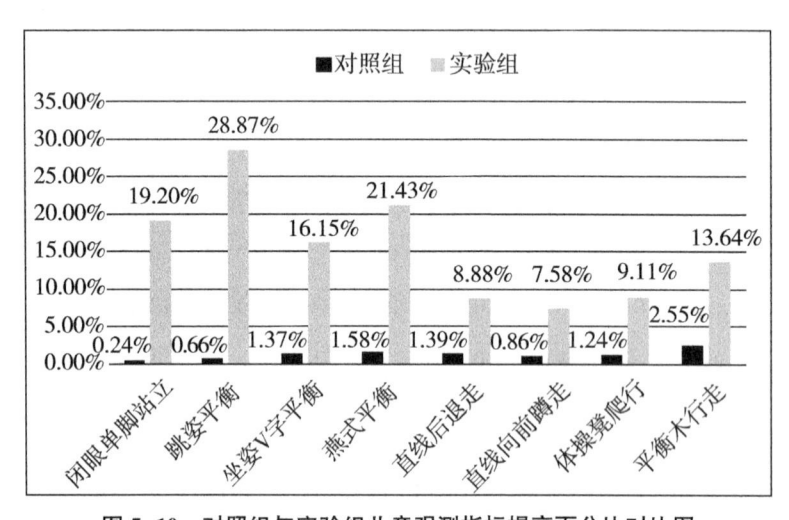

图 5-10 对照组与实验组儿童观测指标提高百分比对比图

第三节 滚翻类动作技能发展教学方案设计与实验

一、教学方案设计

（一）教学目标

总体目标：发展 5~6 岁儿童滚翻能力。

具体目标：通过为期 6 周的滚翻类动作技能教学实验，运用设计的体操技术动作教学方案对儿童进行滚翻类动作技能教学，让儿童对滚翻动作有初步的认识，掌握一系列日常生活中需要的滚翻动作技能，使儿童的滚翻能力在幼儿体育活动中得到发展，促进儿童身体素质发展，在团队游戏的练习中增加培养儿童合作能力的练习，提高儿童滚翻技能，使儿童意志品质和身体素质得到同步发展。

（二）教学任务

①根据滚翻类动作技能分类和儿童身心发育特征，设计促进滚翻动作发展的教学方案，促进儿童滚翻能力发展。

②将设计的滚翻类教学方案用于儿童日常体育教学，教学过程中运用游戏练习法、重复练习法和比赛练习法等多种方法进行练习，促使儿童能够较熟练地掌握多种滚翻动作技能，促进儿童滚翻能力的发展。

（三）教学组织与要求

1. 教学组织

①由于滚翻类动作需要身体的滚动，每次课提前 30 分钟到场对活动教室进行清理布置，以避免有尖锐物体出现在活动场地。

②每次课前对辅助人员进行教学内容的培训，讲授保护帮助的手法与要求，以及儿童练习的注意事项。

③课前要求儿童将身上佩戴的小饰品和衣服口袋中的物品拿出来，教师和辅助人员逐一进行检查。

④教师在准备部分要用情景引入的方式，介绍本节课学习的主要内容及在日常生活中可能用到的地方。

⑤教师带领儿童做好充分的热身练习，尤其要对身体的各个关节进行充分的活动。

⑥教师进行正确的示范并进行简单的讲解，对完成动作的重点、难点进行正面、侧面等多角度的示范，对动作技能进行分解分步教学练习。

⑦将儿童分成四组，同时将活动教室划分为四个区域，研究者和 3 名辅助人员每人一组对儿童完成的练习动作给予指导、保护与帮助。

⑧每组儿童站成一排，分别坐在场地的四周，教师挑选完成动作好儿童在场地中间进行示范展示，利用典型示范的作用，激发其他儿童更好地完成动作。

⑨对于儿童已经能够完成的动作，要采用教学比赛的方法，培养儿童的团队意识，激发儿童练习的兴趣。

2. 教学要求

①由于滚翻类动作带有一定的危险性，要求教师对该动作的保护与帮助有充分的认识，并在每次课前对辅助人员进行培训。

②为了提高教学的效率，教师在准备环节要对教授的动作技能进行详细的分析，在充分考虑5~6岁儿童生长发育特征，将动作进行分解，分步进行教授。

③教学环节要求教师示范多、讲解少，将动作要领用简洁、儿童易懂的语言进行表述。

④在练习环节，对出现的错误或者不规范动作，要有针对性地帮助儿童完成正确动作体验，使其体会完成动作的成功体验。

⑤多种教学方法的综合运用，尤其是在课程导入环节，要注意运用多媒体设备，增加儿童对所学内容的感性认识和直观感觉。

⑥设计的练习内容和动作技能学习方案，要考虑身体均衡发展，避免一侧肢体过度练习，注重儿童身体全面均衡发展。

⑦对于儿童已经掌握的动作技能，练习时要提高完成动作的规格。

(四) 教学材料准备

1. 教学计划（表5-17）

表5-17 儿童滚翻类动作技能发展6周教学计划

周次	主要内容
1	观测指标前测、沿身体纵轴的滚翻类动作技能练习
2	沿身体纵轴的滚翻类动作技能练习
3	沿身体横轴的滚翻类动作技能练习
4	沿身体横轴的滚翻类动作技能练习
5	难度变化的滚翻类动作技能练习
6	难度变化的滚翻类动作技能练习、观测指标后测

2. 教学进度（表 5-18）

表 5-18　儿童滚翻类动作技能发展教学进度表

周次	课次	教学内容
1	1、2	观测指标实验前测
1	3	学习圆木滚练习
1	4	学习独臂滚练习，复习圆木滚练习，并进行两人一组练习
2	5	学习躯干扭转练习，进行圆木滚比赛练习
2	6	学习转身传递球并进行教学比赛
2	7	学习仰卧侧滚传接球并进行教学比赛
2	8	学习推箱转体跳动
3	9	学习支撑翻滚
3	10	练习支撑翻滚
3	11	学习仰卧翻臀
3	12	练习仰卧举腿翻臀传递球并进行教学比赛
4	13	学习小兔拍脚练习
4	14	练习小兔拍脚练习，学习螃蟹单腿行进
4	15	学习前后滚翻的核心动作——小摇篮
4	16	练习小摇篮，学习抱头横滚
5	17	练习前滚翻成坐姿、学习单杠翻上蹬杠
5	18	仰卧抱膝后滚翻或蹲撑、练习单杠翻上蹬杠动作
5	19	练习后仰抱膝或蹲撑
5	20	学习单肩后滚翻成跪姿
6	21	练习单肩后滚翻成跪姿、练习后仰抱膝成蹲姿
6	22	练习单肩后滚翻成跪姿、练习单杠翻上蹬杠
6	23、24	观测指标实验后测

3. 教案

具体教案见附录五。

二、教学实验实施

(一) 教学条件

1. 教学时间

2017 年 11 月 20 日至 12 月 29 日，周一至周四每天下午 15：00—16：00。

2. 教学地点

山东省枣庄市实验幼儿园。

3. 教学对象

实验组：枣庄市实验幼儿园大一班儿童 26 名。

按照体育活动教学进度计划，采用滚翻类动作技能进行教学。

对照组：枣庄市实验幼儿园大二班儿童 29 名。

按照教学进度，进行传统的体育活动教学。

4. 场地器材

室内活动场地、简易家用单杠、体操球、体操垫，硬质塑胶垫、多媒体设备、秒表等。

(二) 教学方法

1. 演示法

运用现代教学多媒体设备，播放有关滚翻动作的动画视频、日常生活中使用滚翻动作的案例、小动物完成滚翻动作的视频等资料，为儿童提供有关滚翻动作的直观感受，使儿童在练习中能够直观地进行模仿，从而提高其掌握动作技能的速度和学习的效率。

2. 教学示范法

教学示范法是体育教学中最常用的一种直观教学模式，是指教师通过具体的教学示范，为儿童展示直观的动作体验，在儿童头脑中建立所要学习动作的表象，为儿童的练习提供直接的帮助。

3. 游戏练习法

游戏练习法是幼儿园教学中最常用的一种方法，教师可通过创设特殊的情景，运用音乐、视频等多媒体资料，引导儿童在轻松愉快的氛围中，模仿教师完成的动作，以达到学习技能和锻炼身体的目的，其实质就是将游戏与教学有机地结合在一起，提高儿童的学习兴趣，促进儿童滚翻动作技能的发展，提高儿童滚翻能力。

4. 教学比赛法

在练习过程中，为了提高儿童练习的主动性和积极性，将班级人数分成均等的两组，以个人或集体完成的形式进行比赛，促进儿童更快更好的掌握动作，提高动作技能掌握的效率。

（三）教学内容

（1）模块一：沿身体横轴运动对儿童滚翻能力影响的教学素材（表5-19）

表5-19　沿身体横轴运动滚翻动作技能教学素材

动作名称	动作规格	动作难度变化
小摇篮	在垫子上蹲撑，低头抱膝靠近胸部，手和脚用力向后推、蹬垫子，使身体向后滚动，同时双手抱住小腿，尽量团身，使臀、腰、背、颈部依次着垫，当头的后部着垫时，立即压小腿向前滚回	利用完成动作的规格来调整练习的难度
仰卧翻臀	仰卧于体操垫上，两臂于体侧支撑，双腿经上举后翻臀，双腿向头上伸出	利用举腿的高度来调整练习的难度
仰卧举腿翻臀传递球	儿童平躺在垫子上，双手放在身体两侧，从坐姿开始，双脚夹球后举腿翻臀后倒，把球传递到头顶的篮子里	依次采用独立完成、两人到多人连续接力完成来调整练习的难度
小兔拍脚练习	从蹲撑开始，双脚蹬地跳起，两腿后摆至最高点，并进行一次拍击后并拢落地	利用双脚拍击次数调整练习难度
螃蟹单腿行进	仰撑在体操垫上，髋关节挺直，双腿交替做直腿上举动作	利用举腿的高度来调整练习的难度
身体山峰	由跪撑开始，勾起双脚，用前脚掌支撑地面，双腿伸直，重心向脚跟方向移动，脚跟尽量接近地面	通过手脚距离的长短调整练习的难度

（2）模块二：沿身体纵轴运动对儿童滚翻能力影响的教学素材（表5-20）

表5-20 沿身体纵轴运动滚翻动作技能的教学素材

动作名称	动作规格	动作难度变化
圆木滚	两臂向上伸过头顶，身体平躺在体操垫上，身体沿左右滚动，均匀用力	通过完成动作的规格要求和两人一组完成来调整练习的难度
独臂滚	儿童直体单臂伸直仰卧在垫子上，另一侧手臂伸直放在体侧，身体向左右两侧滚动	通过完成动作的规格要求来调整练习的难度
抱头横滚	儿童成仰卧起坐姿势，双手抱头屈膝跪撑，向左或向右滚动一周	通过完成动作的规格要求来调整练习的难度
躯干扭转	儿童背对墙站立，离墙1米的距离，双脚开立，转动躯干朝向墙壁，双手沿着墙壁继续移动至扭转最大幅度，然后慢慢还原	利用身体扭转的幅度，触碰的物体来调整练习的难度
推箱转体跳动	儿童屈臂俯撑跳箱一侧，双手用力推伸手臂，同时跳起转体，缓冲落地	改变转体度数（90度、180度、270度、360度）来调整练习难度
支撑滚翻	儿童双手撑地，面朝下，先将重心移至右手上，左手离地带到身体转体至面朝上时再次撑地，重心移至左右，右手离地带动身体转体至开始姿势	通过完成动作的次数来调整练习的难度

（3）模块三：练习难度变化对儿童滚翻能力影响的教学素材（表5-21）

表5-21 练习难度变化滚翻动作技能的教学素材

动作名称	动作规格	动作难度变化
前滚翻成坐姿	由蹲撑开始，要求两腿用力蹬地，颈、肩、背、臀部依次触垫，当臀部着地后，两腿外分坐于垫上	通过分腿坐、屈腿做来调整练习的难度
不倒翁	盘腿坐于垫上，双手握住脚踝，向左侧后方倒重心，经左肘、左肩、背、颈部着地，继续向右滚动，经右肩、右肘撑地成盘腿坐，继续倒重心，像不倒翁一样连续重复滚动	通过完成动作的规格要求来调整练习的难度
斜坡后滚翻成蹲姿	蹲撑在小斜坡上，重心后移，身体后倒，经臀、背、肩、颈部向后滚，当颈部着地时，两手迅速撑地推手成蹲撑姿势	通过完成动作的规格要求来调整练习的难度

(续表)

动作名称	动作规格	动作难度变化
仰卧抱膝成蹲姿	由蹲撑开始，背对体操垫，重心后倒，经过臀、背、肩、颈部向后滚，当颈部着地时，双手迅速撑地推手，膝关节发力后压，使身体重心移过头顶，脚着地后成撑地蹲撑	通过完成动作的规格要求来调整练习的难度
单肩后滚翻成跪姿	由坐撑开始，躯干下压，手臂前伸，上体后倒，举腿翻臀屈体，同时两手迅速移至肩上撑地（指尖向肩），右臂侧展，当重心滚至肩颈部位时，头向一侧歪成单肩后滚翻，双手用力推撑，身体成蹲姿	通过完成动作的规格要求来调整练习的难度
单杠前翻上	两手正握单杠，一脚蹬地，一脚用力前上摆，身体翻上或支撑	通过摆动腿离杠的距离来调整练习的难度

（四）滚翻类动作技能观测指标测试方法

1. 仰卧抱膝后滚成蹲撑测试

①需要器材：体操垫。

②测试要求：测试时，受试儿童由蹲撑开始，背对体操垫，重心后倒，经臀、背、肩、头颈部向后滚，当颈部着地时，双手迅速撑地推手，膝关节发力后压，使身体重心移过头顶，脚着地后成抱膝蹲撑，记录员根据评分标准对儿童完成的动作进行评定，记录得分（图5-11，表5-22）。

图 5-11 仰卧抱膝后滚成蹲撑

表 5-22 仰卧抱膝后滚成蹲撑评分标准表

测试项目	评定标准	分值范围
仰卧抱膝后滚成蹲撑	能顺畅地完成整个动作，动作完成比较规范	4～5

(续表)

测试项目	评定标准	分值范围
仰卧抱膝后滚成蹲撑	后倒仰卧滚动中能较好地团身，能沿直线滚动，比较圆滑，但完成后成蹲撑	3～4
	后倒仰卧滚动中能较好地团身，能沿直线滚动，但不圆滑	2～3
	后倒仰卧团身不紧，能沿直线滚动，但不圆滑	1～2
	后倒仰卧团身不紧，滚动不规则	0～1

③注意事项：测试开始前，教师带领儿童做好充分的准备活动，对头颈部、肩、腕等关节进行重点热身。测试人员对完成动作的儿童进行保护，避免出现运动伤害，每名儿童完成两次，两次间隔时间至少3分钟。

2. 支撑滚动测试

①需要器材：体操垫。

②测试要求：测试时，受试儿童双手撑地，面朝下，以左臂先开始移动为例。把重心移至右臂，左臂带动身体转体至面朝上时再次撑地，重心移至左臂，右臂带动身体转体至开始姿势。记录员根据评分标准对儿童完成的动作进行评定，记录得分（图5-12，表5-23）。

图5-12 支撑滚动

③注意事项：测试开始前，教师带领儿童做好充分的准备活动，特别是肩、肘、腕三个关节；测试人员始终站在完成动作的儿童的身旁，给予保护和帮助，每名儿童完成两次，两次间隔时间至少3分钟。

表 5-23 支撑滚动评分标准表

测试项目	评定标准	分值范围
支撑滚动	能顺畅地完成支撑滚翻动作，并至少完成 360 度的翻转	4～5
	能完成基本的动作，动作不够流畅	3～4
	后仰支撑规范，但在翻转换手时，上下肢配合不协调	2～3
	后仰支撑比较规范，一只手能离地，但不能完成翻转换手	1～2
	能完成后仰支撑，身体姿态	0～1

3. 单肩后滚翻成跪撑测试

①需要器材：体操垫。

②测试要求：测试时，由坐撑开始，体前屈进行预摆，紧随上体后倒，举腿翻臀屈体，同时左手迅速移至肩上撑地，指尖向肩，右臂侧展，当重心滚至肩颈部位时成单肩后滚翻，双手用力推撑，左腿伸直，右腿屈膝成跪撑（图 5-13）。测试记录员根据评分规则对儿童完成的动作进行评定，记录得分（表 5-24）。

图 5-13 单肩后滚翻成跪姿

表 5-24 单肩后滚翻成跪撑评分标准表

测试项目	评定标准	分值范围
单肩后滚翻成跪姿	能顺畅地完成整个动作，动作规范	4～5
	能够完成翻臀翻转，头部侧倒不够顺畅，但个能完成蹲撑	3～4
	能够流畅翻臀，但是双手和翻臀配合不协调	2～3
	能够流畅地翻臀，双腿能够翻过垂直面，且双腿能伸直并拢	1～2
	能完成翻臀动作，抬腿高度不高，双腿不能伸直并紧	0～1

③注意事项：测试开始前，教师带领儿童做好充分的准备活动，对头颈部、肩、腕等关节进行重点热身。测试人员对完成动作的儿童进行保护，避免出现运动伤害，每名儿童完成两次，两次间隔时间至少3分钟。

4. 单杠前翻上测试

①需要器材：家用简易单杠。

②测试要求：测试时，受试儿童站在单杠后，双手正握单杠一只脚蹬地发力，一脚用力上摆，脚底踏杠，另一脚靠上蹬杠（图5-14）。记录员根据评分规则对儿童完成的动作进行评价，记录得分（表5-25）。

图5-14 单杠前翻上

表5-25 单杠前翻上评分标准表

测试项目	评定标准	分值范围
	能顺畅的完成整个动作，双脚同时蹬杠	4~5
	完成收腿练习，能分别将两腿伸直蹬到杠上	3~4
单杠前翻上	能将双腿抬到超过水平位置，双腿能同时伸直	2~3
	能将双腿抬到水平位置，双腿能同时伸直	1~2
	能将双腿抬到水平位置，但双腿不能同时伸直	0~1

③注意事项：做好充分的热身练习，测试人员跪撑在完成动作的儿童旁边，如动作完不成或者出现意外情况给予保护帮助，避免伤害事故的发生。每名儿童完成两次，两次间隔时间至少3分钟。

三、数据分析与讨论

(一) 对照组与实验组儿童基本情况和基本身体素质的对比分析

在进行教学实验前对两组儿童进行基本情况和基本身体素质的测试,对儿童的基本情况和基本身体素质进行统计学分析。运用独立样本 T 检验对照组男、女儿童(15男、14女)从年龄、身高、体重、二十米跑、原地纵跳、单脚站立6项指标进行检验,如表5-26所示,其各项指标的 P 值分别为0.756、0.059、0.063、0.812、0.485、0.513,均大于0.05,表明对照组儿童在基本情况和基本身体素质方面不具有显著性差异;运用独立样本 T 检验对实验组男、女儿童(14男、12女)从年龄、身高、体重、二十米跑、原地纵跳、单脚站立6项指标进行检验,如表5-27所示,其各项指标的 P 值分别为0.659、0.087、0.233、0.708、0.305、0.978,均大于0.05,表明实验组儿童在基本情况和基本身体素质方面不具有显著性差异。

表5-26 对照组儿童基本情况和基本身体素质对比分析 ($n=29$)

指标	男 ($M \pm SD$)	女 ($M \pm SD$)	差值95%置信区间 下限	差值95%置信区间 上限	t	df	P
年龄 (m)	65.93±2.89	66.29±3.15	-1.95	2.65	-0.31	27	0.756
身高 (cm)	110.67±4.25	107.71±3.79	-6.03	0.13	1.99	27	0.059
体重 (kg)	18.83±1.87	19.48±2.22	0.14	2.99	-2.25	27	0.063
二十米跑 (s)	6.12±0.19	6.14±0.16	-0.12	0.15	-0.24	27	0.812
原地纵跳 (cm)	17.47±1.59	17.86±1.35	-0.74	1.52	-0.71	27	0.485
单脚站立 (s)	18.01±0.86	17.73±1.35	-1.14	0.58	0.66	27	0.513

注: *表示 $P<0.05$,**表示 $P<0.01$。

表5-27 实验组儿童基本情况和基本身体素质对比分析 ($n=26$)

指标	男 ($M \pm SD$)	女 ($M \pm SD$)	差值95%置信区间 下限	差值95%置信区间 上限	t	df	P
年龄 (m)	66.29±2.55	65.83±2.59	-2.54	1.63	0.45	24	0.659
身高 (cm)	107.93±4.2	110.83±4.11	-0.45	6.26	-1.79	24	0.087

(续表)

指标	男 ($M \pm SD$)	女 ($M \pm SD$)	差值95%置信区间 下限	差值95%置信区间 上限	t	df	P
体重（kg）	19.32±1.82	20.17±1.67	-0.58	2.27	-1.22	24	0.233
二十米跑（s）	6.26±0.22	6.23±0.21	-0.21	0.14	0.38	24	0.708
原地纵跳（cm）	17.86±1.23	17.25±1.71	-1.8	0.59	1.05	24	0.305
单脚站立（s）	17.73±1.96	17.72±1.76	-0.89	0.87	0.03	24	0.978

注：* 表示 $P<0.05$，** 表示 $P<0.01$。

运用独立样本 T 检验的方法对两组儿童的基本情况和基本身体素质进行检验，如表5-28所示，其年龄、身高、体重、二十米跑、原地纵跳、单脚站立6项指标的 P 值分别为 0.972、0.981、0.067、0.058、0.845、0.598，均大于0.05，表明对照组与实验组儿童基本情况和基本身体素质不存在差异，选择的两个自然班不具有显著性差异，符合实验分组的要求，可以按照选择的自然班进行正常的教学实验。

表5-28　对照组与实验组儿童基本情况和基本身体素质对比分析（$n=55$）

指标	对照组 ($M \pm SD$)	实验组 ($M \pm SD$)	差值95%置信区间 下限	差值95%置信区间 上限	t	df	P
年龄（m）	66.11±2.97	66.08±2.53	-1.47	1.53	0.4	53	0.972
身高（cm）	109.24±4.24	109.27±4.31	-2.34	2.29	-0.02	53	0.981
体重（kg）	18.87±2.01	19.71±1.77	-2.07	-0.01	-2.03	53	0.067
二十米跑（s）	6.13±0.18	6.24±0.21	-0.21	-0.01	-2.05	53	0.058
原地纵跳（cm）	17.66±1.47	17.58±1.47	-0.72	0.88	0.19	53	0.845
单脚站立（s）	17.88±1.12	17.72±1.06	-0.43	0.75	0.53	53	0.598

注：* 表示 $P<0.05$，** 表示 $P<0.01$。

（二）对照组与实验组观测指标实验前测与后测对比分析

为了检验教学方案设计的有效性，将选择的实验对象按照行政班级分为对照组和实验组，为便于前后对比，将对照组和实验组的儿童分别进行编码，对照组儿童编码为1~29号，实验组儿童编码为31~56号，分别记录4个观测指标实验前、后的测试数据，为统计分析做好准备。

1. 对照组儿童观测指标实验前测与后测对比分析

经过6周的常规体育教学后,对照组儿童各观测指标后测结果较前测结果有所增加,但增加幅度不大。运用配对样本T检验对对照组儿童前测与后测结果进行分析,如表5-29所示,可以发现仰卧抱膝后滚成蹲撑、支撑滚动、单肩后滚翻成跪姿、单杠前翻上4个观测指标的P值分别为0.054、0.143、0.468、0.237,均大于0.05,表明对照组儿童滚翻类动作技能4个观测指标前测与后测结果对比不具有显著性差异。

表5-29 对照组儿童观测指标前测与后测对比分析（n=29）

指标	前测 (M±SD)	后测 (M±SD)	配对差值 平均值	配对差值 标准差	差值95%置信区间 下限	差值95%置信区间 上限	t	df	P
仰卧抱膝后滚成蹲撑	0.91±0.13	1.02±0.19	-0.25	0.09	-0.29	-0.22	-14.28	28	0.054
支撑滚动	1.61±0.21	1.84±0.18	-0.38	0.16	-0.44	-0.32	-12.84	28	0.143
单肩后滚翻成跪姿	1.49±0.22	1.62±0.17	-0.32	0.11	-0.36	-0.28	-15.07	28	0.468
单杠前翻上	0.89±0.14	1.03±0.19	-0.28	0.11	-0.32	-0.24	-13.79	28	0.237

注：*表示P<0.05，**表示P<0.01。

2. 实验组儿童观测指标实验前测与后测对比分析

运用配对样本T检验对实验组儿童前测与后测结果进行统计分析,如表5-30所示,得出仰卧抱膝后滚成蹲撑、支撑滚动、单肩后滚翻成跪姿、单杠前翻上4个观测指标的P值都为0.000,均小于0.01,表明实验组儿童滚翻类动作技能4个观测指标前测与后测结果对比具有高度显著性差异。

表5-30 实验组儿童观测指标前测与后测对比分析（n=26）

指标	前测 (M±SD)	后测 (M±SD)	配对差值 平均值	配对差值 标准差	差值95%置信区间 下限	差值95%置信区间 上限	t	df	P
仰卧抱膝后滚成蹲撑	0.83±0.16	2.19±0.46	-1.38	0.35	-1.52	-1.24	-19.99	25	0.000**

(续表)

指标	前测 (M±SD)	后测 (M±SD)	配对差值 平均值	配对差值 标准差	差值95%置信区间 下限	差值95%置信区间 上限	t	df	P
支撑滚动	1.47±0.31	3.51±0.27	-2.04	0.16	-2.11	-1.98	-67.03	25	0.000**
单肩后滚翻成跪姿	1.28±0.23	2.97±0.18	-1.69	0.16	-1.75	-1.62	-53.54	25	0.000**
单杠前翻上	0.85±0.19	2.67±0.28	-1.81	0.18	-1.89	-1.74	-51.95	25	0.000**

注：*表示 $P<0.05$，**表示 $P<0.01$。

(三) 对照组与实验组儿童观测指标前测与后测对比分析

运用独立样本 T 检验对两组儿童的教学实验前测结果进行分析，如表 5-31 所示，发现在仰卧抱膝后滚成蹲撑、支撑滚动、单肩后滚翻成跪姿、单杠前翻上 4 个观测指标的 P 值分别为 0.346、0.198、0.052、0.221，均大于 0.05，表明两组儿童滚翻类动作技能 4 个观测指标前测结果对比不具有显著性差异。

表 5-31 对照组与实验组儿童观测指标前测对比分析（$n=55$）

指标	对照组 (M±SD)	实验组 (M±SD)	差值95%置信区间 下限	差值95%置信区间 上限	t	df	P
仰卧抱膝后滚成蹲撑	0.91±0.13	0.83±0.16	-0.04	0.12	0.95	53	0.346
支撑滚动	1.61±0.21	1.47±0.31	-0.05	0.24	1.305	53	0.198
单肩后滚翻成跪姿	1.49±0.22	1.28±0.23	-0.01	0.24	1.985	53	0.052
单杠前翻上	0.89±0.14	0.85±0.19	-0.03	0.12	1.239	53	0.221

注：*表示 $P<0.05$，**表示 $P<0.01$。

运用独立样本 T 检验对两组儿童的教学实验后测结果进行统计分析，如表 5-32 所示，发现在仰卧抱膝后滚成蹲撑、支撑滚动、单杠前翻上、单肩后滚翻成跪姿 4 个观测指标的 P 值均为 0.000，均小于 0.01，表明对照组与实验组滚翻类动作技能 4 个观测指标后测结果对比具有高度显著性差异。

表 5-32 对照组与实验组儿童观测指标后测对比分析 (*n*=55)

指标	对照组 (*M±SD*)	实验组 (*M±SD*)	差值95%置信区间 下限	上限	*t*	*df*	*P*
仰卧抱膝后滚成蹲撑	1.02±0.19	2.19±0.46	-1.28	-0.91	-11.67	53	0.000**
支撑滚动	1.84±0.18	3.51±0.27	-1.68	-1.45	-26.76	53	0.000**
单杠前翻上	1.03±0.19	2.67±0.28	-1.61	-1.36	-23.46	53	0.000**
单肩后滚翻成跪姿	1.62±0.17	2.97±0.18	-1.34	-1.15	-26.42	53	0.000**

注：* 表示 *P*<0.05，** 表示 *P*<0.01。

（四）对照组和实验组儿童观测指标提高值对比分析

运用独立样本 *T* 检验对两组儿童观测指标提高值进行统计分析，如表 5-33 所示，发现仰卧抱膝后滚成蹲撑、支撑滚动、单肩后滚翻成跪姿、单杠前翻上 4 个观测指标的 *P* 值都为 0.000，均小于 0.01，表明对照组与实验组儿童之间提高幅度具有高度显著性差异。

表 5-33 对照组与实验组儿童观测指标提高值对比分析 (*n*=55)

指标	对照组 (*M±SD*)	实验组 (*M±SD*)	差值95%置信区间 下限	上限	*t*	*df*	*P*
仰卧抱膝后滚成蹲撑	0.25±0.09	1.38±0.35	-1.27	-0.99	-16.62	53	0.000**
支撑滚动	0.38±0.16	2.04±0.15	-1.75	-1.57	-38.86	53	0.000**
单肩后滚翻成跪姿	0.32±0.11	1.69±0.16	-1.44	-1.29	-36.61	53	0.000**
单杠前翻上	0.28±0.11	1.82±0.18	-1.61	-1.45	-38.77	53	0.000**

注：* 代表 *P*<0.05，** 代表 *P*<0.01。

从图 5-15 可以看出，经过 6 周的时间，实验组儿童反映滚翻能力的 4 个观测指标提高值均高于对照组儿童，且提高值差异具有显著性，说明实验组儿童经过 6 周的干预教学实验后，平衡能力能够得到明显的提高。从图 5-16 来看，实验组儿童 4 个观测指标提高幅度的百分比明显高于对照组儿童，提高幅度都超过 100%，单杠前翻上这一观测指标提高幅度达到 214.12%，而对照组儿童提高幅度为 20%～35%，说明滚翻类动作技能教学方案能够有效促进儿童滚翻能力的发展。

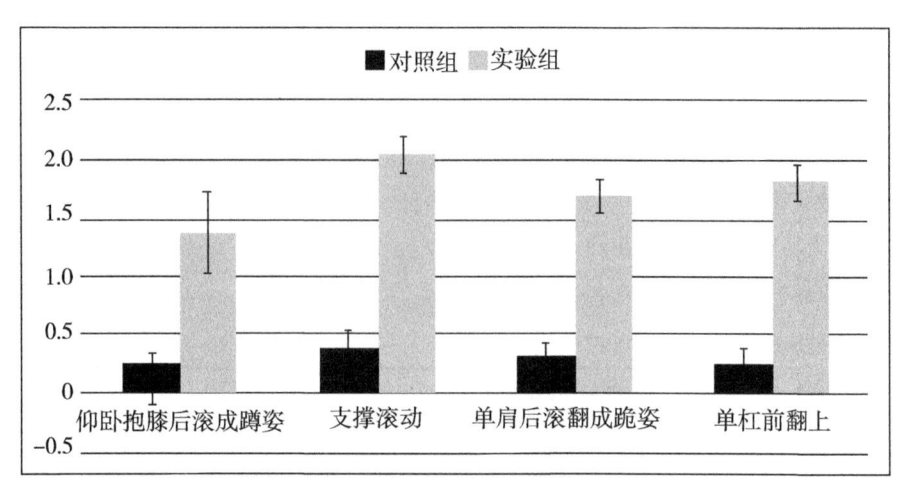

图 5-15 对照组与实验组儿童观测指标提高值的对比图

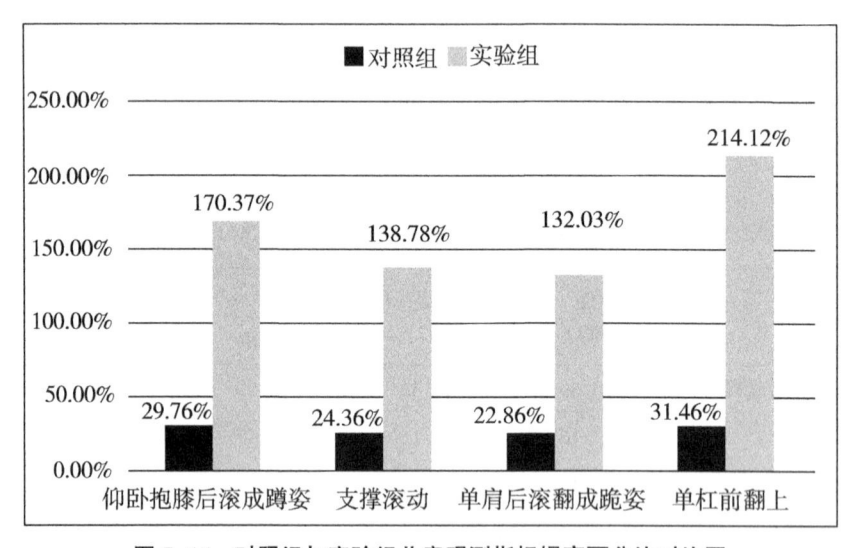

图 5-16 对照组与实验组儿童观测指标提高百分比对比图

第六章 结论、研究局限性与展望

一、结论

①3~6岁儿童的动作技能可分为非位移性和位移性两大类,非位移性动作技能可进一步划分为平衡类(静态)、旋转类、支撑类、悬垂类、抛接类五种,位移性动作技能可进一步划分为平衡类(动态)、移动类、跳跃类、攀爬类、滚翻类五种,每一种动作技能又可以通过多个体操类技术动作表现出来。

②建立了儿童动作技能发展的体操教学模型。其函数表达式为:$E=f(Cm, Gm, S, T)$,即教学效果受儿童自身能力对动作技能发展的影响(Cm)、儿童掌握的体操动作技能(Gm)、体操技术动作内容(S),以及动作技能发展教学方案(T)四个因素的交互影响。

③构建了3~6岁儿童动作技能发展内容体系。其中3~4岁年龄阶段的儿童动作技能发展内容体系包含2个一级指标、10个二级指标、21个三级指标;4~5岁年龄阶段的儿童动作技能发展内容体系包含2个一级指标,10个二级指标,35个三级指标;5~6岁年龄阶段的儿童动作技能发展内容体系包含2个一级指标,10个二级指标,58个三级指标。从构建的内容体系指标数量看,随着儿童年龄的增长,对其进行干预的体操类技术动作数量逐渐增加。

④对照组儿童动作技能观测指标实验前后对比分析不具有显著性差异,实验组儿童动作技能观测指标实验前后对比分析表现出高度显著性差异;实验组儿童平衡类和滚翻类动作技能各观测指标提高的幅度要明显大于对照组儿童,表明教学方案能够有效促进儿童相应动作技能的发展。

⑤通过体操类动作的干预,能够促使儿童动作技能获得最优化的发展,证明体操类动作能够对儿童动作技能发展进行干预促进。

⑥本研究的顺利完成对推动学前教学改革具有积极的影响,研究中体操教学

模式建立和体操技术动作内容体系构建为学前教学改革提供了思路和素材，实证部分为学前教学改革提供了参考路径。

二、研究的局限性

本研究的研究主题、内容体系构建均是面向3~6岁儿童进行的，但由于完成教学实验的时间条件、实验对象适应性及研究者完成论文的需要等方面情况，仅选择了5~6岁儿童进行教学实验，缺少面向其他两个年龄阶段儿童的教学实验。

研究中仅对平衡类和滚翻类动作技能设计了教学方案并进行了教学实验，缺少其他七类动作技能教学方案的设计和教学实验的实施。

研究中为了避免人为因素造成误差增大，教学实验由研究者亲自授课，其他教师和工作人员作为辅助人员协助教学，教学实验对象选择样本量较少。

三、研究展望

本研究以某一个地区为例进行了实验研究，后续研究应该增加不同地域的对比研究，进一步运用体操类技术动作促进儿童动作技能的发展。

后续研究中，可将设计的促进儿童动作技能发展的教学方案，作为学前教育专业体育技能培养和体育院校体育专业师资培养的培训内容。

后续研究中，要充分利用幼儿园配备的常规户外活动设施，将构建的动作技能发展内容体系中的十种动作技能设计成促进儿童动作技能发展的教学方案，在幼儿园中实施教学。

由于3~6岁这一阶段儿童各项动作技能的发展都处于敏感期和快速发展期，对5~6岁儿童进行的平衡类动作和滚翻类动作教学实验是采用了截面式的研究，因此将横向截面式研究与纵向追踪式研究有机结合是未来研究的趋势。

参考文献

[1] Greg Payne，耿培新，梁国立. 人类动作发展概述 [M]. 北京：人民教育出版社，2008.

[2] 曲鲁平. 我国青少年体质健康促进模型构建与运动干预研究 [M]. 人民体育出版社，2021.

[3] 吴升扣，姜桂萍. 儿童早期动作发展测量的研究进展 [J]. 北京体育大学学报，2014，37（4）：81-84.

[4] 宁科，沈信生，邵晓军. 3～6岁幼儿移动性动作发展与感知身体能力关系的实证研究 [J]. 北京体育大学学报，2012，39（12）：74-81.

[5] 耿达，张兴利，施建农. 儿童早期精细动作技能与认知发展的关系 [J]. 心理科学研究，2015，23（2）：261-267.

[6] 齐默尔. 幼儿教育运动手册 [M]. 杨沫，易丽丽，译. 南京：南京师范大学出版社，2008.

[7] 魏曙光. 论体操的分类及其内容 [J]. 吉林体育学院学报，2013，29（1）：83-87.

[8] 王占春，陈柯琦. 幼儿园体育活动的理论与方法 [M]. 北京：人民教育出版社，2011.

[9] 庄弼，任绮，李孟宁，等. 幼儿体育活动及其内容体系的思考 [J]. 体育学刊，2015，22（6）：64-67.

[10] 曲鲁平，孙伟，杨凤英，等. 体教融合视域下体育传统特色学校协同联动组织机制的构建 [J]. 武汉体育学院学报，2021，55（10）：63-69，85.

[11] 张英波，赵洪波. 动作学习与控制 [M]. 北京：北京体育大学出版社，2014.

[12] Richard A. Magill. 运动技能学习与控制（第七版）[M]. 张忠秋，译. 北京：中国轻工业出版社，2006.

[13] 王海燕，杨斌胜，赖勤，等. 模仿学习对运动技能学习的影响 [J]. 首都体育学院学报，2013，25（4）：362-370.

[14] 王健. 运动技能与体育教学 [M]. 北京：北京体育大学出版社，2008.

[15] 李静，刁玉翠. 3～10岁儿童基本动作技能比较研究 [J]. 中国体育科技，2013，35（3）：129-132.

[16] 董文梅，毛振明，包莺. 从体育教学的视角研究运动技能学习过程规律 [J]. 体育学

刊，2008，15（11）：75-78.

[17] 梁波，何敏学．基于认知负荷理论的教学设计对运动技能两侧性迁移的影响［J］．武汉体育学院学报，2014，48（11）：74-79.

[18] 李静，梁国立．大肌肉群发展测试（TGMD-2）研究［J］．中国体育科技，2005，41（2）：105-107，114.

[19] 周兴生，周毅，刘亚举．构建3～6岁儿童动作教育中核心动作经验内容体系的研究［J］．广州体育学院学报，2016，36（3）：113-116.

[20] 董如豹．加拿大5岁以下儿童身体活动指南及启示［J］．体育科学研究，2015，19（3）：25-30.

[21] 陈华伟，董如豹，陈金华．英国、新西兰对5岁以下儿童身体活动的建议及其启示［J］．体育文化导刊，2014（10）：64-67.

[22] 胡名霞．动作控制与动作学习［M］．吴庆文，译．北京：人民卫生出版社，2017.

[23] 夏忠梁．儿童动作技能学习中背景干扰效应的研究［J］．体育科学，2014，34（10）：40-54.

[24] 吴升扣，姜桂萍，李曙刚，等．动作发展视角的韵律性身体活动促进幼儿粗大动作发展水平的实证研究［J］．北京体育大学学报，2015，38（11）：98-105.

[25] 柴娇，杨铁黎，姜山．开放情境下7～12岁儿童动作灵敏性发展的研究［J］．山东体育学院学报，2011，27（9）：60-65.

[26] 王晓波．复杂运动技能两侧性迁移的试验研究［J］．天津体育学院学报，2013，28（2）：138-142.

[27] 曲鲁平，王健．大中小学体育与健康课程中体操类项目的教学设计研究［J］．首都体育学院学报，2009，21（3）：322-325.

[28] 张莹．动作发展视角下的幼儿体育活动内容实证研究［J］．北京体育大学学报，2012，35（3）：133-138.

附 录

附录一 基于体操类动作 3～6 岁儿童动作技能发展内容体系指标筛选的专家调查问卷（第一轮）

尊敬的专家：您好！

目前正在进行《3～6 岁儿童动作技能发展研究——基于体操类动作视角》的研究工作，首先对您在百忙之中抽出宝贵的时间为本研究提出建设性的意见表示衷心的感谢。

研究依托体操项目技术动作，构建基于体操技术动作 3～6 岁儿童动作技能发展内容指标体系。

作为该领域的专家，您的意见与建议对本研究将有非常重要的作用，能够为本研究科学指标的构建提供重要的帮助。

如果方便，请您留下您的信息：

您的姓名：　　　　　　　　　　　您的专业：

您的职称（或职位）：　　　　　　您的工作单位：

您的邮箱：　　　　　　　　　　　您的电话：

填表说明：

本研究所有问题的答案无对错之分，只用于统计分析，请您根据您的真实想法填写问卷。请您在认为合适的指标后打"√"，如有其他观点或补充意见，请填入补充项目处。

一、体操项目动作与 3～6 岁儿童动作技能发展的关联度是否密切

　　A 非常密切（　　）　　　B 比较密切（　　）　　　C 密切（　　）

D 不密切（　　　）　　　E 说不清楚（　　　）

二、您认为体操项目动作能否全面反映 3～6 岁儿童动作技能的发展

A 完全能（　　　）　　B 能（　　　）　　　　C 基本能（　　　）

D 完全不能（　　　）　　E 说不清楚（　　　）

三、您认为，能够反映 3～6 岁儿童动作技能的体操项目动作包括哪些（多选）

A 平衡类动作（　　　）　B 移动类动作（　　　）　C 跳跃类动作（　　　）

D 支撑类动作（　　　）　E 攀爬类动作（　　　）　F 滚翻类动作（　　　）

G 抛接类动作（　　　）　H 悬垂类动作（　　　）　I 旋转类动作（　　　）

补充内容：

四、您认为哪些体操项目动作归属于非位移性动作技能（多选）

A 平衡类动作（　　　）　B 移动类动作（　　　）　C 跳跃类动作（　　　）

D 支撑类动作（　　　）　E 攀爬类动作（　　　）　F 滚翻类动作（　　　）

G 抛接类动作（　　　）　H 悬垂类动作（　　　）　I 旋转类动作（　　　）

补充内容：

五、您认为哪些体操项目动作归属于位移性动作技能（多选）

A 平衡类动作（　　　）　B 移动类动作（　　　）　C 跳跃类动作（　　　）

D 支撑类动作（　　　）　E 攀爬类动作（　　　）　F 滚翻类动作（　　　）

G 抛接类动作（　　　）　H 悬垂类动作（　　　）　I 旋转类动作（　　　）

补充内容：

六、您认为哪些体操类动作能够用于评估 3～6 岁儿童动作技能的发展

一级指标	同意划"√"	二级指标	同意划"√"	三级指标	同意划"√"		
					3～4 岁	4～5 岁	5～6 岁
非位移性动作		平衡类动作（静态）		单脚闭眼站立			
				平衡垫双脚蹲姿			
				体操凳坐姿			
				跪姿平衡			
				单脚站立后平衡			
				体操垫 V 字坐姿			
				平衡垫双脚站立			
				平衡垫单脚站立			

(续表)

一级指标	同意划"√"	二级指标	同意划"√"	三级指标	同意划"√"		
					3～4岁	4～5岁	5～6岁
非位移性动作		平衡类动作（静态）		燕式平衡			
				补充动作：			
		旋转类动作		双脚平转			
				单脚平转			
				补充动作：			
		支撑类动作		站立对墙支撑			
				跪地俯卧撑			
				仰撑			
				俯卧撑			
				单杠支撑			
				双杠支撑			
				补充动作：			
		悬垂类动作		单杠悬垂			
				双杠悬垂			
				单杠挂臂悬垂			
				单杠挂肘悬垂			
				肋木膝勾悬垂			
				补充动作：			
		抛接类动作		双手掷体操球（地滚）			
				单手掷沙包			
				双手抛体操球			
				双手接沙包			
				双手接体操球			
				单手过肩掷远			
				单手过肩掷准			
				后抛体操棒			
				补充动作：			

(续表)

一级指标	同意划"√"	二级指标	同意划"√"	三级指标	同意划"√"		
					3~4岁	4~5岁	5~6岁
位移性动作		平衡类动作（动态）		直线后退走			
				直线向前蹲走			
				体操凳爬行			
				体操凳蹲走			
				体操凳向前行走			
				平衡木行走			
				补充动作：			
		移动类动作		二十米直线跑动			
				圆形跑			
				十米后退跑			
				弧线跑			
				折线跑			
				前滑步			
				侧滑步			
				补充动作：			
		跳跃类动作		双脚跳（不摆臂）			
				单脚跳（不摆臂）			
				双脚跳（摆臂）			
				单脚跳（摆臂）			
				旋转跳			
				纵跳			
				跨步跳			
				立定跳远			
				补充动作：			
		攀爬类动作		手膝着地向前爬行			
				手脚着地向前爬行			
				匍匐爬			

(续表)

一级指标	同意划"√"	二级指标	同意划"√"	三级指标	同意划"√"		
					3～4岁	4～5岁	5～6岁
位移性动作		攀爬类动作		推小车			
				爬肋木			
				爬绳梯			
				补充动作：			
		滚翻类动作		平躺滚			
				仰卧双手抱膝滚成蹲撑			
				支撑滚动			
				单肩后滚翻成跪撑			
				前滚翻			
				单杠前翻上			
				补充动作：			

再次对您的大力支持表示衷心的感谢！

附录二　基于体操类动作3~6岁儿童动作技能发展内容体系构建专家问卷（第二轮）

尊敬的专家：您好！

在您的帮助下对评价指标进行了第一轮的筛选，现需要您帮助进行第二轮问卷的调查。作为该领域的专家，您的观点对本研究的顺利进行具有重要的作用，请您按照自己的真实想法填写问卷，谢谢您的大力支持和帮助。

如果方便，请您留下您的信息：

您的姓名：　　　　　　　　　　　您的专业：

您的职称（或职位）：　　　　　　您的工作单位：

您的邮箱：　　　　　　　　　　　您的电话：

填表说明：

1. 本研究所有问题的答案无对错之分，只用于统计分析，请您根据您的真实想法填写问卷。请您在认为合适的指标后打"√"，如有其他观点或补充意见，请填入补充项目处。

2. 很重要赋予分值"9"，较重要赋予分值"7"，一般赋予分值"5"，不重要赋予分值"3"，很不重要赋予分值"1"。

一、3~6岁儿童体操动作技能发展内容体系指标构建——一级指标

序号	一级指标内容	很重要	较重要	一般	不重要	很不重要
1	非位移性动作技能					
2	位移性动作技能					

二、3~6岁儿童体操动作技能发展内容体系指标构建——二级指标

一级指标内容	二级指标内容	很重要	较重要	一般	不重要	很不重要
非位移性动作技能	平衡类动作（静态）					
	旋转类动作					

(续表)

一级指标内容	二级指标内容	很重要	较重要	一般	不重要	很不重要
非位移性动作技能	支撑类动作					
	悬垂类动作					
	抛接类动作					
位移性动作技能	平衡类动作（动态）					
	移动类动作					
	跳跃类动作					
	攀爬类动作					
	滚翻类动作					

三、3～6岁儿童体操动作技能发展内容体系指标构建——三级指标

（一）3～4岁儿童三级指标

一级指标内容	二级指标内容	三级指标内容	很重要	较重要	一般	不重要	很不重要
非位移性动作技能	平衡类动作（静态）	单脚闭眼站立					
		平衡垫双腿蹲姿					
		体操凳坐姿					
	旋转类动作	双脚平转					
	支撑类动作	站立对墙支撑					
		跪地俯卧撑					
	悬垂类动作	单杠悬垂					
		双杠悬垂					
	抛接类动作	双手掷体操球（地滚）					
		双手抛体操球					
位移性动作技能	平衡类动作（动态）	直线后退走					
		直线向前蹲走					
		体操凳爬行					
	移动类动作	二十米直线跑动					

(续表)

一级指标内容	二级指标内容	三级指标内容	很重要	较重要	一般	不重要	很不重要
位移性动作技能	移动类动作	圆形跑					
	跳跃类动作	双脚跳（不摆臂）					
		单脚跳（不摆臂）					
	攀爬类动作	手膝着地向前爬行					
		手脚着地向前爬行					
	滚翻类动作	匍匐爬					
		平躺滚					

（二）4～5岁儿童三级指标

一级指标内容	二级指标内容	三级指标内容	很重要	较重要	一般	不重要	很不重要
非位移性动作技能	平衡类动作（静态）	单脚闭眼站立					
		平衡垫双脚蹲姿					
		体操凳坐姿					
		跪姿平衡					
		燕式平衡					
	旋转类动作	双脚平转					
	支撑类动作	站立对墙支撑					
		跪地俯卧撑					
		仰撑					
	悬垂类动作	单杠悬垂					
		双杠悬垂					
		单杠挂臂悬垂					
	抛接类动作	双手掷体操球（地滚）					
		双手抛体操球					
		双手接体操球					

(续表)

一级指标内容	二级指标内容	三级指标内容	很重要	较重要	一般	不重要	很不重要
位移性动作技能	平衡类动作（动态）	直线后退走					
		直线向前蹲走					
		体操凳爬行					
		体操凳蹲走					
		体操凳向前行走					
	移动类动作	二十米直线跑动					
		圆形跑					
		十米后退跑					
		折线跑					
	跳跃类动作	双脚跳（不摆臂）					
		单脚跳（不摆臂）					
		双脚跳（摆臂）					
		单脚跳（摆臂）					
	攀爬类动作	手膝着地向前爬行					
		手脚着地向前爬行					
		匍匐爬					
		推小车					
		爬肋木					
	滚翻类动作	平躺滚					
		仰卧双手抱膝滚成蹲撑					

（三）5～6岁儿童三级指标

一级指标内容	二级指标内容	三级指标内容	很重要	较重要	一般	不重要	很不重要
非位移性动作技能	平衡类动作（静态）	单脚闭眼站立					
		平衡垫双脚蹲姿					
		体操凳坐姿					

（续表）

一级指标内容	二级指标内容	三级指标内容	很重要	较重要	一般	不重要	很不重要
非位移性动作技能	平衡类动作（静态）	跪姿平衡					
		燕式平衡					
		体操垫坐姿V字平衡					
		平衡垫双脚站立					
		平衡垫单脚站立					
	旋转类动作	双脚平转					
		单脚平转					
	支撑类动作	站立对墙支撑					
		跪地俯卧撑					
		仰撑					
		俯卧撑					
		单杠支撑					
		肩肘倒立					
	悬垂类动作	单杠悬垂					
		双杠悬垂					
		单杠挂臂悬垂					
		单杠挂肘悬垂					
		肋木膝勾悬垂					
	抛接类动作	双手掷体操球（地滚）					
		双手抛体操球					
		双手接体操球					
		单手过肩掷远					
		单手过肩掷准					
		后抛体操球					
位移性动作技能	平衡类动作（动态）	直线后退走					
		直线向前蹲走					
		体操凳爬行					

(续表)

一级指标内容	二级指标内容	三级指标内容	很重要	较重要	一般	不重要	很不重要
位移性动作技能	平衡类动作（动态）	体操凳蹲走					
		体操凳向前行走					
		平衡木行走					
	移动类动作	二十米直线跑动					
		圆形跑					
		十米后退跑					
		折线跑					
		前滑步					
		侧滑步					
	跳跃类动作	双脚跳（不摆臂）					
		单脚跳（不摆臂）					
		双脚跳（摆臂）					
		单脚跳（摆臂）					
		旋转跳					
		纵跳					
		立定跳远					
	攀爬类动作	手膝着地向前爬行					
		手脚着地向前爬行					
		匍匐爬					
		推小车					
		爬肋木					
		爬绳梯					
	滚翻类动作	平躺滚					
		仰卧抱膝后滚成蹲撑					
		支撑滚动					
		单肩后滚翻成跪撑					
		前滚翻					

（续表）

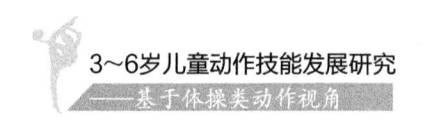

一级指标内容	二级指标内容	三级指标内容	很重要	较重要	一般	不重要	很不重要
位移性动作技能	滚翻类动作	单杠前翻上					

问卷到此结束，对您的大力支持和帮助表示衷心的感谢！

附录三　基于体操类动作 3~6 岁儿童动作技能发展内容体系构建重要性判别表（第三轮）

尊敬的专家：您好！

在您的帮助下对评价指标进行了筛选，现需要您帮助对筛选指标体系的重要性进行判定。作为该领域的专家，您的观点对本研究的顺利进行具有重要的作用，请您按照自己的真实想法填写问卷，谢谢您的大力支持和帮助。

如果方便，请您留下您的信息：

您的姓名：　　　　　　　　　　您的专业：

您的职称（或职位）：　　　　　您的工作单位：

您的邮箱：　　　　　　　　　　您的电话：

填表说明：

1. 请您在认为合适的指标后打"√"，如有其他观点或补充意见，请填入补充项目处。

2. "1"表示同样重要，"3"表示稍微重要，"5"表示明显重要，"7"表示强烈重要，"9"表示极其重要。

一、一级指标判定

其中 A 表示：非位移性动作技能，B 表示：位移性动作技能。

	同样重要	稍微重要	明显重要	强烈重要	极其重要
A 与 B 相比，A 比 B	1	3	5	7	9

二、二级指标重要性判定

A1 表示：平衡类动作（静态），A2 表示：旋转类动作，A3 表示：支撑类动作，A4 表示：悬垂类动作，A5 表示：抛接类动作；B1 表示：平衡类动作（动态），B2 表示：移动类动作，B3 表示：跳跃类动作，B4 表示：攀爬类动作，B5 表示：滚翻类动作。

	同样重要	稍微重要	明显重要	强烈重要	极其重要
A1 与 A2 相比，A1 比 A2	1	3	5	7	9
A1 与 A3 相比，A1 比 A3	1	3	5	7	9
A1 与 A4 相比，A1 比 A4	1	3	5	7	9
A1 与 A5 相比，A1 比 A5	1	3	5	7	9
A2 与 A3 相比，A2 比 A3	1	3	5	7	9
A2 与 A4 相比，A2 比 A4	1	3	5	7	9
A2 与 A5 相比，A2 比 A5	1	3	5	7	9
A3 与 A4 相比，A3 比 A4	1	3	5	7	9
A3 与 A5 相比，A3 比 A5	1	3	5	7	9
A4 与 A5 相比，A4 比 A5	1	3	5	7	9
B1 与 B2 相比，B1 比 B2	1	3	5	7	9
B1 与 B3 相比，B1 比 B3	1	3	5	7	9
B1 与 B4 相比，B1 比 B4	1	3	5	7	9
B1 与 B5 相比，B1 比 B5	1	3	5	7	9
B2 与 B3 相比，B2 比 B3	1	3	5	7	9
B2 与 B4 相比，B2 比 B4	1	3	5	7	9
B2 与 B5 相比，B2 比 B5	1	3	5	7	9
B3 与 B4 相比，B3 比 B4	1	3	5	7	9
B3 与 B5 相比，B3 比 B5	1	3	5	7	9
B4 与 B5 相比，B4 比 B5	1	3	5	7	9

三、三级指标重要性的判定

（一）3～4岁儿童体操动作技能发展内容体系构建三级指标重要性判定

A11表示：单脚闭眼站立；A12表示：平衡垫双脚蹲姿；A13表示：体操凳坐姿平衡。

	同样重要	稍微重要	明显重要	强烈重要	极其重要
A11 与 A12 相比，A11 比 A12	1	3	5	7	9
A11 与 A13 相比，A11 比 A13	1	3	5	7	9
A12 与 A13 相比，A12 比 A13	1	3	5	7	9

A31 表示：站立对墙支撑；A32 表示：跪地俯卧撑。

	同样重要	稍微重要	明显重要	强烈重要	极其重要
A31 与 A32 相比，A31 比 A32	1	3	5	7	9

A41 表示：单杠悬垂；A42 表示：双杠悬垂。

	同样重要	稍微重要	明显重要	强烈重要	极其重要
A41 与 A42 相比，A41 比 A42	1	3	5	7	9

A51 表示：双手掷体操球（地滚）；A52 表示：双手抛体操球。

	同样重要	稍微重要	明显重要	强烈重要	极其重要
A51 与 A52 相比，A51 比 A52	1	3	5	7	9

B11 表示：直线后退走；B12 表示：直线向前蹲走；B13 表示：体操凳爬行。

	同样重要	稍微重要	明显重要	强烈重要	极其重要
B11 与 B12 相比，B11 比 B12	1	3	5	7	9
B11 与 B13 相比，B11 比 B13	1	3	5	7	9
B12 与 B13 相比，B12 比 B13	1	3	5	7	9

B21 表示：二十米直线跑动；B22 表示：圆形跑。

	同样重要	稍微重要	明显重要	强烈重要	极其重要
B21 与 B22 相比，B21 比 B22	1	3	5	7	9

B31 表示：双脚跳（不摆臂）；B32 表示：单脚跳（不摆臂）。

	同样重要	稍微重要	明显重要	强烈重要	极其重要
B31 与 B32 相比，B31 比 B32	1	3	5	7	9

D41 表示：手膝着地向前爬行；B42 表示：手脚着地向前爬行；B43 表示：匍匐爬。

	同样重要	稍微重要	明显重要	强烈重要	极其重要
B41 与 B42 相比，B41 比 B42	1	3	5	7	9
B41 与 B43 相比，B41 比 B43	1	3	5	7	9
B42 与 B43 相比，B42 比 B43	1	3	5	7	9

(二) 4~5 岁儿童体操动作技能发展内容体系构建三级指标重要性判定

A11 表示：单脚闭眼站立；A12 表示：平衡垫双脚蹲姿；A13 表示：体操凳坐姿平衡；A14 表示：跪姿平衡；A15 表示：燕式平衡。

	同样重要	稍微重要	明显重要	强烈重要	极其重要
A11 与 A12 相比，A11 比 A12	1	3	5	7	9
A11 与 A13 相比，A11 比 A13	1	3	5	7	9
A11 与 A14 相比，A11 比 A14	1	3	5	7	9
A11 与 A15 相比，A11 比 A15	1	3	5	7	9
A12 与 A13 相比，A12 比 A13	1	3	5	7	9
A12 与 A14 相比，A12 比 A14	1	3	5	7	9
A12 与 A15 相比，A12 比 A15	1	3	5	7	9
A13 与 A14 相比，A13 比 A14	1	3	5	7	9
A13 与 A15 相比，A13 比 A15	1	3	5	7	9
A14 与 A15 相比，A14 比 A15	1	3	5	7	9

A31 表示：站立对墙支撑；A32 表示：跪地俯卧撑；A33 表示：仰撑。

	同样重要	稍微重要	明显重要	强烈重要	极其重要
A31 与 A32 相比，A31 比 A32	1	3	5	7	9
A31 与 A33 相比，A31 比 A33	1	3	5	7	9
A32 与 A33 相比，A32 比 A33	1	3	5	7	9

A41 表示：单杠悬垂；A42 表示：双杠悬垂；A43 表示：单杠挂臂悬垂。

	同样重要	稍微重要	明显重要	强烈重要	极其重要
A41 与 A42 相比，A41 比 A42	1	3	5	7	9
A41 与 A43 相比，A41 比 A43	1	3	5	7	9
A42 与 A43 相比，A42 比 A43	1	3	5	7	9

A51 表示：双手掷体操球（地滚）；A52 表示：双手抛体操球；A53 表示：双手接体操球。

	同样重要	稍微重要	明显重要	强烈重要	极其重要
A51 与 A52 相比，A51 比 A52	1	3	5	7	9
A51 与 A53 相比，A51 比 A53	1	3	5	7	9
A52 与 A53 相比，A52 比 A53	1	3	5	7	9

B11 表示：直线后退走；B12 表示：直线向前蹲走；B13 表示：体操凳爬行；B14 表示：体操凳蹲走；B15 表示：体操凳向前行走。

	同样重要	稍微重要	明显重要	强烈重要	极其重要
B11 与 B12 相比，B11 比 B12	1	3	5	7	9
B11 与 B13 相比，B11 比 B13	1	3	5	7	9
B11 与 B14 相比，B11 比 B14	1	3	5	7	9
B11 与 B15 相比，B11 比 B15	1	3	5	7	9
B12 与 B13 相比，B12 比 B13	1	3	5	7	9
B12 与 B14 相比，B12 比 B14	1	3	5	7	9
B12 与 B15 相比，B12 比 B15	1	3	5	7	9
B13 与 B14 相比，B13 比 B14	1	3	5	7	9
B13 与 B15 相比，B13 比 B15	1	3	5	7	9
B14 与 B15 相比，B14 比 B15	1	3	5	7	9

B21 表示：二十米直线跑动；B22 表示：圆形跑；B23 表示：十米后退跑；B24 表示：折线跑。

	同样重要	稍微重要	明显重要	强烈重要	极其重要
B21 与 B22 相比，B21 比 B22	1	3	5	7	9
B21 与 B23 相比，B21 比 B23	1	3	5	7	9
B21 与 B24 相比，B21 比 B24	1	3	5	7	9
B22 与 B23 相比，B22 比 B23	1	3	5	7	9
B22 与 B24 相比，B22 比 B24	1	3	5	7	9
B23 与 B24 相比，B23 比 B24	1	3	5	7	9

B31 表示：双脚跳（不摆臂）；B32 表示：单脚跳（不摆臂）；B33 表示：双脚跳（摆臂）；B34 表示：单脚跳（摆臂）。

	同样重要	稍微重要	明显重要	强烈重要	极其重要
B31 与 B32 相比，B31 比 B32	1	3	5	7	9
B31 与 B33 相比，B31 比 B33	1	3	5	7	9
B31 与 B34 相比，B31 比 B34	1	3	5	7	9
B32 与 B33 相比，B32 比 B33	1	3	5	7	9
B32 与 B34 相比，B32 比 B34	1	3	5	7	9
B33 与 B34 相比，B33 比 B34	1	3	5	7	9

B41 表示：手膝着地向前爬行；B42 表示：手脚着地向前爬行；B43 表示：匍匐爬；B44 表示：推小车；B45 表示：爬肋木。

	同样重要	稍微重要	明显重要	强烈重要	极其重要
B41 与 B42 相比，B41 比 B42	1	3	5	7	9
B41 与 B43 相比，B41 比 B43	1	3	5	7	9
B41 与 B44 相比，B41 比 B44	1	3	5	7	9
B41 与 B45 相比，B41 比 B45	1	3	5	7	9
B42 与 B43 相比，B42 比 B43	1	3	5	7	9
B42 与 B44 相比，B42 比 B44	1	3	5	7	9
B42 与 B45 相比，B42 比 B45	1	3	5	7	9
B43 与 B44 相比，B43 比 B44	1	3	5	7	9
B43 与 B45 相比，B43 比 A15	1	3	5	7	9
B44 与 B45 相比，B44 比 B45	1	3	5	7	9

B51 表示：平躺滚；B52 表示：仰卧双手抱膝滚成蹲姿。

	同样重要	稍微重要	明显重要	强烈重要	极其重要
B51 与 B52 相比，B51 比 B52	1	3	5	7	9

(三) 5~6岁儿童体操动作技能发展内容体系构建三级指标重要性判定

A11 表示：单脚闭眼站立；A12 表示：平衡垫双脚蹲姿；A13 表示：体操凳坐姿平衡；A14 表示：跪姿平衡；A15 表示：燕式平衡；A16 表示：体操垫坐姿 V 字平衡；A17 表示：平衡垫双脚站立；A18 表示：平衡垫单脚站立。

	同样重要	稍微重要	明显重要	强烈重要	极其重要
A11 与 A12 相比，A11 比 A12	1	3	5	7	9
A11 与 A13 相比，A11 比 A13	1	3	5	7	9
A11 与 A14 相比，A11 比 A14	1	3	5	7	9
A11 与 A15 相比，A11 比 A15	1	3	5	7	9
A11 与 A16 相比，A11 比 A16	1	3	5	7	9
A11 与 A17 相比，A11 比 A17	1	3	5	7	9
A11 与 A18 相比，A11 比 A18	1	3	5	7	9
A12 与 A13 相比，A12 比 A13	1	3	5	7	9
A12 与 A14 相比，A12 比 A14	1	3	5	7	9
A12 与 A15 相比，A12 比 A15	1	3	5	7	9
A12 与 A16 相比，A12 比 A16	1	3	5	7	9
A12 与 A17 相比，A12 比 A17	1	3	5	7	9
A12 与 A18 相比，A12 比 A18	1	3	5	7	9
A13 与 A14 相比，A13 比 A14	1	3	5	7	9
A13 与 A15 相比，A13 比 A15	1	3	5	7	9
A13 与 A16 相比，A13 比 A16	1	3	5	7	9
A13 与 A17 相比，A13 比 A17	1	3	5	7	9
A13 与 A18 相比，A13 比 A18	1	3	5	7	9
A14 与 A15 相比，A14 比 A15	1	3	5	7	9
A14 与 A16 相比，A14 比 A16	1	3	5	7	9
A14 与 A17 相比，A14 比 A17	1	3	5	7	9
A14 与 A18 相比，A14 比 A18	1	3	5	7	9
A15 与 A16 相比，A15 比 A16	1	3	5	7	9

(续表)

	同样重要	稍微重要	明显重要	强烈重要	极其重要
A15 与 A17 相比，A15 比 A17	1	3	5	7	9
A15 与 A18 相比，A15 比 A18	1	3	5	7	9
A16 与 A17 相比，A16 比 A17	1	3	5	7	9
A16 与 A18 相比，A16 比 A18	1	3	5	7	9
A17 与 A18 相比，A17 比 A18	1	3	5	7	9

A21 表示：双脚平转；A22 表示：单脚平转。

	同样重要	稍微重要	明显重要	强烈重要	极其重要
A21 与 A22 相比，A21 比 A22	1	3	5	7	9

A31 表示：站立对墙支撑；A32 表示：跪地俯卧撑；A33 表示：仰撑；A34 表示：俯卧撑；A35 表示：单杠支撑；A36 表示：肩肘倒立。

	同样重要	稍微重要	明显重要	强烈重要	极其重要
A31 与 A32 相比，A31 比 A32	1	3	5	7	9
A31 与 A33 相比，A31 比 A33	1	3	5	7	9
A31 与 A34 相比，A31 比 A34	1	3	5	7	9
A31 与 A35 相比，A31 比 A35	1	3	5	7	9
A31 与 A36 相比，A31 比 A36	1	3	5	7	9
A32 与 A33 相比，A32 比 A33	1	3	5	7	9
A32 与 A34 相比，A32 比 A34	1	3	5	7	9
A32 与 A35 相比，A32 比 A35	1	3	5	7	9
A32 与 A36 相比，A32 比 A36	1	3	5	7	9
A33 与 A34 相比，A33 比 A34	1	3	5	7	9
A33 与 A35 相比，A33 比 A35	1	3	5	7	9
A33 与 A36 相比，A33 比 A36	1	3	5	7	9
A34 与 A35 相比，A34 比 A35	1	3	5	7	9
A34 与 A36 相比，A34 比 A36	1	3	5	7	9
A35 与 A36 相比，A35 比 A36	1	3	5	7	9

A41 表示：单杠悬垂；A42 表示：双杠悬垂；A43 表示：单杠挂臂悬垂；A44 表示：单杠挂肘悬垂；A45 表示：肋木膝勾悬垂。

	同样重要	稍微重要	明显重要	强烈重要	极其重要
A41 与 A42 相比，A41 比 A42	1	3	5	7	9
A41 与 A43 相比，A41 比 A43	1	3	5	7	9
A41 与 A44 相比，A41 比 A44	1	3	5	7	9
A41 与 A45 相比，A41 比 A45	1	3	5	7	9
A42 与 A43 相比，A42 比 A43	1	3	5	7	9
A42 与 A44 相比，A42 比 A44	1	3	5	7	9
A42 与 A45 相比，A42 比 A45	1	3	5	7	9
A43 与 A44 相比，A43 比 A44	1	3	5	7	9
A43 与 A45 相比，A43 比 A45	1	3	5	7	9
A44 与 A45 相比，A44 比 A45	1	3	5	7	9

A51 表示：双手掷体操球（地滚）；A52 表示：双手抛体操球；A53 表示：双手接体操球；A54 表示：单手过肩掷远；A55 表示：单手过肩掷准；A56 表示：背身后抛体操球。

	同样重要	稍微重要	明显重要	强烈重要	极其重要
A51 与 A52 相比，A51 比 A52	1	3	5	7	9
A51 与 A53 相比，A51 比 A53	1	3	5	7	9
A51 与 A54 相比，A51 比 A54	1	3	5	7	9
A51 与 A55 相比，A51 比 A55	1	3	5	7	9
A51 与 A56 相比，A51 比 A56	1	3	5	7	9
A52 与 A53 相比，A52 比 A53	1	3	5	7	9
A52 与 A54 相比，A52 比 A54	1	3	5	7	9
A52 与 A55 相比，A52 比 A55	1	3	5	7	9
A52 与 A56 相比，A52 比 A56	1	3	5	7	9
A53 与 A54 相比，A53 比 A54	1	3	5	7	9
A53 与 A55 相比，A53 比 A55	1	3	5	7	9
A53 与 A56 相比，A53 比 A56	1	3	5	7	9
A54 与 A55 相比，A54 比 A55	1	3	5	7	9
A54 与 A56 相比，A54 比 A56	1	3	5	7	9
A55 与 A56 相比，A55 比 A56	1	3	5	7	9

B11 表示：直线后退走；B12 表示：直线向前蹲走；B13 表示：体操凳爬行；B14 表示：体操凳蹲走；B15 表示：体操凳向前行走；B16 表示：平衡木行走。

	同样重要	稍微重要	明显重要	强烈重要	极其重要
B11 与 B12 相比，B11 比 B12	1	3	5	7	9
B11 与 B13 相比，B11 比 B13	1	3	5	7	9
B11 与 B14 相比，B11 比 B14	1	3	5	7	9
B11 与 B15 相比，B11 比 B15	1	3	5	7	9
B11 与 B16 相比，B11 比 B16	1	3	5	7	9
B12 与 B13 相比，B12 比 B13	1	3	5	7	9
B12 与 B14 相比，B12 比 B14	1	3	5	7	9
B12 与 B15 相比，B12 比 B15	1	3	5	7	9
B12 与 B16 相比，B12 比 B16	1	3	5	7	9
B13 与 B14 相比，B13 比 B14	1	3	5	7	9
B13 与 B15 相比，B13 比 B15	1	3	5	7	9
B13 与 B16 相比，B13 比 B16	1	3	5	7	9
B14 与 B15 相比，B14 比 B15	1	3	5	7	9
B14 与 B16 相比，B14 比 B16	1	3	5	7	9
B15 与 B16 相比，B15 比 B16	1	3	5	7	9

B21 表示：二十米直线跑动；B22 表示：圆形跑；B23 表示：十米后退跑；B24 表示：折线跑；B25 表示：前滑步；B26 表示：侧滑步。

	同样重要	稍微重要	明显重要	强烈重要	极其重要
B21 与 B22 相比，B21 比 B22	1	3	5	7	9
B21 与 B23 相比，B21 比 B23	1	3	5	7	9
B21 与 B24 相比，B21 比 B24	1	3	5	7	9
B21 与 B25 相比，B21 比 B25	1	3	5	7	9
B21 与 B26 相比，B21 比 B26	1	3	5	7	9
B22 与 B23 相比，B22 比 B23	1	3	5	7	9
B22 与 B24 相比，B22 比 B24	1	3	5	7	9
B22 与 B25 相比，B22 比 B25	1	3	5	7	9

(续表)

	同样重要	稍微重要	明显重要	强烈重要	极其重要
B22 与 B26 相比，B22 比 B26	1	3	5	7	9
B23 与 B24 相比，B23 比 B24	1	3	5	7	9
B23 与 B25 相比，B23 比 B25	1	3	5	7	9
B23 与 B26 相比，B23 比 B26	1	3	5	7	9
B24 与 B25 相比，B24 比 B25	1	3	5	7	9
B24 与 B26 相比，B24 比 B26	1	3	5	7	9
B25 与 B26 相比，B25 比 B26	1	3	5	7	9

B31 表示：双脚跳（不摆臂）；B32 表示：单脚跳（不摆臂）；B33 表示：双脚跳（摆臂）；B34 表示：单脚跳（摆臂）；B35 表示：旋转跳；B36 表示：纵跳；B37 表示：立定跳远。

	同样重要	稍微重要	明显重要	强烈重要	极其重要
B31 与 B32 相比，B31 比 B32	1	3	5	7	9
B31 与 B33 相比，B31 比 B33	1	3	5	7	9
B31 与 B34 相比，B31 比 B34	1	3	5	7	9
B31 与 B35 相比，B31 比 B35	1	3	5	7	9
B31 与 B36 相比，B31 比 B36	1	3	5	7	9
B31 与 B37 相比，B31 比 B37	1	3	5	7	9
B32 与 B33 相比，B32 比 B33	1	3	5	7	9
B32 与 B34 相比，B32 比 B34	1	3	5	7	9
B32 与 B35 相比，B32 比 B35	1	3	5	7	9
B32 与 B36 相比，B32 比 B36	1	3	5	7	9
B32 与 B37 相比，B32 比 B37	1	3	5	7	9
B33 与 B34 相比，B33 比 B34	1	3	5	7	9
B33 与 B35 相比，B33 比 B35	1	3	5	7	9
B33 与 B36 相比，B33 比 B36	1	3	5	7	9
B33 与 B37 相比，B33 比 B37	1	3	5	7	9
B34 与 B35 相比，B34 比 B35	1	3	5	7	9
B34 与 B36 相比，B34 比 B36	1	3	5	7	9
B34 与 B37 相比，B34 比 B37	1	3	5	7	9
B35 与 B36 相比，B35 比 B36	1	3	5	7	9

（续表）

	同样重要	稍微重要	明显重要	强烈重要	极其重要
B35 与 B37 相比，B35 比 B37	1	3	5	7	9
B36 与 B37 相比，B36 比 B37	1	3	5	7	9

B41 表示：手膝着地向前爬行；B42 表示：手脚着地向前爬行；B43 表示：匍匐爬；B44 表示：推小车；B45 表示：爬肋木；B46 表示：爬绳梯。

	同样重要	稍微重要	明显重要	强烈重要	极其重要
B41 与 B42 相比，B41 比 B42	1	3	5	7	9
B41 与 B43 相比，B41 比 B43	1	3	5	7	9
B41 与 B44 相比，B41 比 B44	1	3	5	7	9
B41 与 B45 相比，B41 比 B45	1	3	5	7	9
B41 与 B46 相比，B41 比 B46	1	3	5	7	9
B42 与 B43 相比，B42 比 B43	1	3	5	7	9
B42 与 B44 相比，B42 比 B44	1	3	5	7	9
B42 与 B45 相比，B42 比 B45	1	3	5	7	9
B42 与 B46 相比，B42 比 B46	1	3	5	7	9
B43 与 B44 相比，B43 比 B44	1	3	5	7	9
B43 与 B45 相比，B43 比 B45	1	3	5	7	9
B43 与 B46 相比，B43 比 B46	1	3	5	7	9
B44 与 B45 相比，B44 比 B45	1	3	5	7	9
B44 与 B46 相比，B44 比 B46	1	3	5	7	9
B45 与 B46 相比，B45 比 B46	1	3	5	7	9

B51 表示：平躺滚；B52 表示：仰卧双手抱膝滚成蹲撑；B53 表示：支撑滚动；B54 表示：单肩后滚翻成跪撑；B55 表示：前滚翻；B56 表示：单杠前翻上。

	同样重要	稍微重要	明显重要	强烈重要	极其重要
B51 与 B52 相比，B51 比 B52	1	3	5	7	9
B51 与 B53 相比，B51 比 B53	1	3	5	7	9
B51 与 B54 相比，B51 比 B54	1	3	5	7	9

（续表）

	同样重要	稍微重要	明显重要	强烈重要	极其重要
B51 与 B55 相比，B51 比 B55	1	3	5	7	9
B51 与 B56 相比，B51 比 B56	1	3	5	7	9
B52 与 B53 相比，B52 比 B53	1	3	5	7	9
B52 与 B54 相比，B52 比 B54	1	3	5	7	9
B52 与 B55 相比，B52 比 B55	1	3	5	7	9
B52 与 B56 相比，B52 比 B56	1	3	5	7	9
B53 与 B54 相比，B53 比 B54	1	3	5	7	9
B53 与 B55 相比，B53 比 B55	1	3	5	7	9
B53 与 B56 相比，B53 比 B56	1	3	5	7	9
B54 与 B55 相比，B54 比 B55	1	3	5	7	9
B54 与 B56 相比，B54 比 B56	1	3	5	7	9
B55 与 B56 相比，B55 比 B56	1	3	5	7	9

问卷到此结束，对您的大力支持和帮助表示衷心的感谢！

附录四　家长知情书

尊敬的家长：您好！

　　由于完成科研课题的需要，本研究拟在枣庄实验幼儿园进行促进儿童动作技能发展的教学活动，具体教学和测试内容包括了平衡类动作和滚翻类动作，其教学内容和测试内容主要包括以下内容：

　　平衡类动作（静态）：单脚闭眼站立、平衡垫双脚蹲姿、体操凳坐姿平衡、跪姿平衡、燕式平衡、体操垫坐姿 V 字平衡、平衡垫双脚站立、平衡垫单脚站立。

　　平衡类动作（动态）：直线后退走、直线向前蹲走、体操凳爬行、体操凳蹲走、体操凳向前行走、平衡木行走。

　　滚翻类动作：平躺滚、仰卧双手抱膝滚成蹲撑、支撑滚动、单肩后滚翻成跪姿、前滚翻、单杠前翻上。

　　活动地点将会设在您孩子就读的幼儿园内，我们将会把活动场地设置在室内，活动过程会随时注意孩子的体能状况，会让孩子在快乐的氛围中完成活动测试，每一次教学和测试活动都由经过专门培训的专业人员进行授课、测试与保护帮助，每次活动课的时间控制在 40 分钟以内，若儿童因个人意愿不愿意参加教学和测试，可随时退出该活动。本研究测试完成后，所有数据资料会妥善保存，不会泄露儿童的个人资料，收集的资料仅用于科学研究的需要，不会作为其他用途。敬请家长们同意您的孩子参与本研究的教学活动，感谢您的大力支持。

附录五 5～6岁儿童平衡类、滚翻类动作教案

平衡类动作教案

课程名称：儿童平衡类动作技能发展　　时间：2017年11月23日

年龄	5～6岁	课次	3	人数	28
地点	幼儿园活动教室	需要器材	音响、秒表		
教学内容	各种腿部支撑的练习				
课程目标	发展儿童身体动作的协调性，增强儿童的体质。 提高儿童腿部力量，重点发展儿童踝关节肌肉力量，促进儿童平衡能力的发展				

课的部分	课的内容	练习负荷 次数（次）	练习负荷 时间（分钟）	组织教法与教学要求
开始部分	在幼儿园带班教师的辅助下，将儿童按平时编组分为红、黄、蓝三组，每组站成一排。教师向儿童介绍本节课的主要练习内容。在欢快的音乐伴奏下进行活泼的热身操练习。对身体多个关节部位进行热身练习，如头颈部、肩部、腰部、膝关节、踝关节等	1	3	**组织教法：** 1. 教师示范—简单讲解—组织儿童进行模仿练习。 2. 对普遍性及特殊性的错误进行指正，并提出解决办法。 3. 儿童站在活动教师一侧按顺序进行移动性练习。
基本部分	1. 金鸡独立（单脚站立）通过改变下肢支撑面的大小，控制身体平衡。两手臂分别成自然下垂、侧平举、上举、抱头动作，左右脚交替练习。 2. 天鹅走（提踵走）。 3. 笨熊走（脚跟走）	3	24	**教学要求：** 1. 每次课前20分钟到场地做好场地布置。 2. 活动中播放欢快的音乐，让儿童在轻松愉悦的氛围下，按要求完成练习。 3. 讲解时尽可能用生动的语言，激发和调动儿童参与练习的积极性。 4. 在儿童练习过程中，教师与辅助人员对其不规范动作或者错误动作进行个别指导，采用辅助各肢体部位完成动作的方法，让儿童体验正确的动作做法
结束部分（放松练习）	1. 跟随音乐做常规放松操。 2. 教师课后总结，指出儿童做得好的动作	1	3	

课程名称：儿童平衡类动作技能发展　　时间：2017 年 11 月 24 日

年龄	5~6 岁	课次	4	人数	28
地点	幼儿园活动教室	需要器材	多媒体影像设备、硬质泡沫垫、体操垫、音响、秒表		
教学内容	各种腿部支撑的练习				
课程目标	发展儿童身体动作的协调性，增强儿童的体质。 促进儿童踝关节和腿部肌肉力量的发展，促进儿童平衡能力的发展				

课的部分	课的内容	练习负荷 次数（次）	时间（分钟）	组织教法与教学要求
开始部分	在幼儿园带班教师的辅助下，将儿童按平时编组分为红、黄、蓝三组，每组站成一排。 教师向儿童介绍本节课的主要练习内容。 在欢快的音乐伴奏下进行活泼的热身操练习	1	3	**组织教法：** 儿童站好队伍成三排，坐在体操垫上。 1. 教师通过视频资料，为儿童指出动作完成的关键点。 2. 教师下达口令，儿童统一完成金鸡独立动作，看谁坚持的时间长。 3. 三组儿童分别在三位教师的带领下，完成天鹅走和笨熊走练习，每个练习做三组。 4. 对儿童完成的动作进行点评，对不规范的动作进行纠正
基本部分	通过多媒体设备，播放大公鸡站立、天鹅走、狗熊走等视频资料，让儿童在第一次课练习的基础上对这三个动作有更深入的直观感觉。 1. 金鸡独立（单脚站立）通过改变上肢状态，控制身体平衡。 以比赛法检查儿童完成金鸡独立的水平。 2. 天鹅走（提踵走）。 3. 笨熊走（脚跟走）	2 3 3	24	**教学要求：** 1. 每次课前 20 分钟到场地做好课前场地布置。 2. 可以让儿童在欢快的音乐氛围下完成热身活动。 3. 讲解时尽可能用生动的语言，激发和调动儿童参与练习的积极性。 4. 在儿童练习过程中，对其不规范动作或者错误动作进行个别指导，采用辅助各肢体部位完成动作的方法，让儿童体验正确的动作做法
结束部分（放松练习）	1. 跟随音乐做常规放松操。 2. 教师课后总结，指出儿童做得好的动作	1	3	

课程名称：儿童平衡类动作技能发展　时间：2017年11月28日

年龄	5~6岁	课次	5	人数	28
地点	幼儿园活动教室	需要器材	硬质泡沫垫、海绵垫、音响、秒表		
教学内容	各种腿部支撑的练习				
课程目标	发展儿童身体动作的协调性，增强儿童的体质。 提高儿童腿部力量，重点发展儿童踝关节肌肉力量，促进儿童平衡能力的发展				

课的部分	课的内容	练习负荷		组织教法与教学要求
^^	^^	次数(次)	时间(分钟)	^^
开始部分	在幼儿园带班教师的辅助下，将儿童按平时编组分为红、黄、蓝三组，每组站成一排。 教师向儿童介绍本节课的主要练习内容。 在欢快的音乐伴奏下进行活泼的热身操练习	1	3	**组织教法：** 1. 儿童分别站在活动教室的周围，双手扶墙，完成单脚提踵练习。 2. 两人一组手扶对方肩膀完成单脚提踵练习。 3. 儿童独立完成单脚提踵练习，改变手臂姿势调节难度。 4. 儿童站在活动教室一侧按红、黄、蓝三组进行移动性练习。
基本部分	1. 单脚站立提踵练习 由手臂扶墙、两人互助到单独完成，再到改变手臂方位，左右脚交替进行。 2. 矮人走（半蹲走）。 3. 企鹅走（并腿深蹲走）。 4. 鸭子走（开腿深蹲走）	2	24	**教学要求：** 1. 每次课前20分钟到场地做好课前场地布置。 2. 讲解时尽可能用生动的语言，激发和调动儿童参与练习的积极性。 3. 教师与辅助人员在儿童练习过程中，对其不规范动作或者错误动作进行个别指导，采用辅助各肢体部位完成动作的方法，让儿童体验正确的动作做法
结束部分（放松练习）	1. 跟随音乐做常规放松操。 2. 教师课后总结，指出儿童做得好的动作	1	3	^^

课程名称：儿童平衡类动作技能发展　时间：2017年11月29日

年龄	5~6岁	课次	6	人数	28
地点	幼儿园活动教室	需要器材	泡沫垫、海绵垫、体操凳、音响、秒表		
教学内容	坐姿控平衡练习和各种走的练习				
课程目标	发展儿童腰腹部的肌肉控制能力，促进儿童身体的协调性能力，提高儿童腿部力量，促进儿童平衡能力的发展				

课的部分	课的内容	练习负荷 次数（次）	练习负荷 时间（分钟）	组织教法与教学要求
开始部分	在幼儿园带班教师的辅助下，将儿童按平时编组分为红、黄、蓝三组，每组站成一排。教师向儿童介绍本节课的主要练习内容。在欢快的音乐伴奏下进行活泼的热身操练习	1	3	组织教法： 1. 儿童按三排坐在体操泡沫垫上，将手脚抬离地面，控制身体平衡。 2. 调整臀部接触物，改变上下肢的姿势，完成练习内容。 3. 儿童站在活动教室一端，教师按顺序组织儿童进行企鹅走、鸭子走、大象走练习，每个练习做两组。
基本部分	1. 坐姿平衡练习。体操垫、体操凳，手臂、腿部做不同的变化组合调整练习难度。 2. 企鹅走（并腿深蹲走）。 3. 鸭子走（开腿深蹲走）。 4. 大象走（体前屈行走）	2	25	教学要求： 1. 每次课前20分钟到场地做好课前场地布置。 2. 讲解时尽可能用生动的语言，激发和调动儿童参与练习的积极性。 3. 安排练习要按照由易到难的顺序。 4. 教师与辅助人员在儿童练习过程中，对其不规范动作或者错误动作进行个别指导，采用辅助各肢体部位完成动作的方法，让儿童体验正确的动作做法
结束部分（放松练习）	1. 跟随音乐做常规放松操。 2. 教师课后总结，指出儿童做得好的动作	1	2	

课程名称：儿童平衡类动作技能发展　　时间：2017 年 11 月 30 日

年龄	5～6 岁	课次	7	人数	28
地点	幼儿园活动教室	需要器材	体操垫、体操凳、音响、秒表		
教学内容	坐姿控平衡练习和各种爬行动作练习				
课程目标	发展儿童腰腹部的肌肉控制能力，促进儿童身体的协调性能力，提高儿童上下肢协调配合能力，促进儿童平衡能力的发展				

课的部分	课的内容	练习负荷		组织教法与教学要求
^	^	次数（次）	时间（分钟）	^
开始部分	在幼儿园带班教师的辅助下，将儿童按平时编组分为红、黄、蓝三组，每组站成一排。 教师向儿童介绍本节课的主要练习内容。 在欢快的音乐伴奏下，进行活泼的热身操练习	1	3	组织教法： 1. 儿童按三排坐在体操垫上，将手脚抬离地面，控制身体平衡。 2. 在教师统一口令下，儿童进行屈腿、双手抱头坐姿平衡比赛。 3. 从教室一端开始，按顺序组织儿童进行爬行练习。
基本部分	1. 坐姿平衡练习。 用体操垫、体操凳，手臂、腿部做不同的变化组合，调整练习难度。 2. 坐姿平衡比赛。 3. 婴儿爬（俯卧直臂屈膝爬行）。 4. 鳄鱼爬（俯卧屈膝屈肘爬行）。 5. 蚂蚱爬（仰卧直臂屈膝爬行）	2	25	教学要求： 1. 每次课前 20 分钟到场地做好课前场地布置。 2. 讲解时尽可能用生动的语言，激发和调动儿童参与练习的积极性。 3. 安排练习要按照由易到难的顺序。 4. 教师与辅助人员在儿童练习过程中，对其不规范动作或者错误动作进行个别指导，采用辅助各肢体部位完成动作的方法，让儿童体验正确的动作做法
结束部分（放松练习）	1. 跟随音乐做常规放松操。 2. 教师课后总结，指出儿童做得好的动作	1	2	^

课程名称：儿童平衡类动作技能发展　　时间：2017 年 12 月 1 日

年龄	5~6 岁	课次	8	人数	28
地点	幼儿园活动教室	需要器材	泡沫垫、海绵垫、体操凳、音响、秒表		
教学内容	各种爬行动作的练习				
课程目标	促进儿童身体的协调性能力，提高儿童上下肢协调配合能力，促进儿童平衡能力的发展				

课的部分	课的内容	练习负荷 次数（次）	时间（分钟）	组织教法与教学要求
开始部分	在幼儿园带班教师的辅助下，将儿童按平时编组分为红、黄、蓝三组，每组站成一排。教师向儿童介绍本节课的主要练习内容。在欢快的音乐伴奏下，进行活泼的热身操练习	1	3	**组织教法：** 1. 三组儿童分别在活动教室的一端开始，在教师下达开始口令后，向教室的另一端爬行，看谁首先到达终点。 2. 学习蜘蛛爬和匍匐前进的动作，教师首先进行正确的示范动作，对关键点的动作进行重点示范。
基本部分	复习并进行比赛： 1. 婴儿爬（俯卧直臂屈膝爬行）； 2. 鳄鱼爬（俯卧屈膝屈肘爬行）； 3. 蚂蚱爬（仰卧直臂屈膝爬行）。 学习： 1. 蜘蛛爬（屈臂屈膝俯卧爬行）； 2. 匍匐前进（屈臂屈膝侧卧爬行）	2	25	**教学要求：** 1. 每次课前 20 分钟到场地做好课前场地布置。 2. 讲解时尽可能用生动的语言，激发和调动儿童参与练习的积极性。 3. 安排动作练习要按照由易到难的顺序。 4. 教师与辅助人员在儿童练习过程中，对其不规范动作或者错误动作进行个别指导，采用辅助各肢体部位完成动作的方法，让儿童体验正确的动作做法
结束部分（放松练习）	1. 跟随音乐做常规放松操。 2. 教师课后总结，指出儿童做得好的动作	1	2	

附 录

课程名称：儿童平衡类动作技能发展　　时间：2017年12月5日

年龄	5～6岁	课次	9	人数	28
地点	幼儿园活动教室	需要器材	泡沫垫、海绵垫、体操凳、音响、秒表		
教学内容	各种爬行动作的练习和蹲姿平衡练习				
课程目标	促进儿童身体的协调性能力，提高儿童上下肢协调配合能力，促进儿童平衡能力的发展				

课的部分	课的内容	练习负荷 次数（次）	练习负荷 时间（分钟）	组织教法与教学要求
开始部分	在幼儿园带班教师的辅助下，将儿童按平时编组分为红、黄、蓝三组，每组站成一排。教师向儿童介绍本节课的主要练习内容。在欢快的音乐伴奏下，进行活泼的热身操练习	1	3	**组织教法：** 1. 三组儿童分别从活动教室的一端开始，在教师下达开始口令后，向教室的另一端爬行，分别完成蚂蚱爬、蜘蛛爬和匍匐前进，看谁首先到达终点。 2. 组织儿童进行半蹲和深蹲练习，练习中儿童保持全脚掌着地。 3. 通过改变手臂姿势调整完成半蹲和深蹲练习的难度。
基本部分	爬行动作比赛练习： 1. 蚂蚱爬（仰卧直臂屈膝爬行）； 2. 蜘蛛爬（屈臂屈膝俯卧爬行）； 3. 匍匐前进（屈臂屈膝侧卧爬行）； 4. 半蹲、深蹲练习	2	25	**教学要求：** 1. 每次课提20分钟到场地做好课前场地布置。 2. 讲解时尽可能用生动的语言，激发和调动儿童参与练习的积极性。 3. 安排动作练习要按照由易到难的顺序。 4. 教师与辅助人员在儿童练习过程中，对其不规范动作或者错误动作进行个别指导，采用辅助各肢体部位完成动作的方法，让儿童体验正确的动作做法
结束部分（放松练习）	1. 跟随音乐做常规放松操。 2. 教师课后总结，指出儿童做得好的动作	1	2	

课程名称：儿童平衡类动作技能发展　时间：2017年12月6日

年龄	5~6岁	课次	10	人数	28
地点	幼儿园活动教室	需要器材	体操凳、平衡垫、瑞士球、海绵垫、秒表		
教学内容	重心变化类动作练习				
课程目标	锻炼儿童下肢基本力量、身体姿态、协调性、身体控制能力，促进儿童平衡能力发展				

课的部分	课的内容	练习负荷		组织教法与教学要求
^	^	次数（次）	时间（分钟）	^
开始部分	教师向儿童介绍本节课的主要练习内容。在欢快的音乐伴奏下，将儿童分为人数均等的两组，以教师为圆心围成两个圆形，保持一定的间距，两个圆的儿童向不同的方向进行跑步练习	1	3	准备活动练习队形 **组织教法：** 1. 教师对动作进行示范，然后进行简单讲解，组织儿童进行模仿练习。 2. 三组儿童分别从活动教室的一端开始，向教室的另一端进行练习，完成矮人走、青蛙跳、斗鸡跳练习。 3. 两人一组完成滚雪球和跳石头的练习，一人完成动作，另一人保护，两人交替完成。
基本部分	将儿童按平时练习采取的分组，分为三组进行练习。 1. 矮人走（并腿半蹲走）。 2. 青蛙跳（开腿深蹲跳）。 3. 滚雪球：双手撑地俯撑，双腿置于瑞士球上，通过双腿直和曲的变化前后滚动瑞士球。 4. 斗鸡跳（单脚跳）。 5. 跳石头（由地面跳上平衡垫站稳）	3	25	**教学要求：** 1. 每次课前10分钟到场地做好课前场地布置。 2. 准备活动时，要儿童围绕地面的圆形线跑动，注意前后左右的间隔距离。 3. 教师与辅助人员在儿童练习过程中，对其不规范动作或者错误动作进行个别指导，采用辅助各肢体部位完成动作的方法，让儿童体验正确的动作做法
结束部分（放松练习）	1. 跟随音乐做常规放松操。 2. 教师课后总结，指出儿童做得好的动作	1	2	^

附 录

课程名称：儿童平衡类动作技能发展　　时间：2017年12月7日

年龄	5~6岁	课次	11	人数	28
地点	幼儿园活动教室	需要器材	\multicolumn{3}{l}{体操凳、平衡垫、瑞士球、海绵垫、秒表}
教学内容	\multicolumn{5}{l}{身体重心变化平衡动作循环练习}
课程目标	\multicolumn{5}{l}{提高儿童腿部力量，重点发展儿童踝关节肌肉力量，促进儿童平衡能力的发展}

课的部分	课的内容	练习负荷 次数（次）	练习负荷 时间（分钟）	组织教法与教学要求
开始部分	教师向儿童介绍本节课的主要练习内容。在欢快的音乐伴奏下，将儿童分为人数均等的两组，以教师为圆心围成两个圆形，保持一定的间距，两个圆的儿童向不同的方向进行跑步练习	1	3	准备活动练习队形 **组织教法：** 1. 教师完整完成一遍，进行示范和简单讲解，组织儿童完成模仿练习。 2. 对具有一定难度的动作，教师给予语言的提示，鼓励其完成动作。 3. 将儿童分成两组，一组完成动作，另一组在教师的指导下给予保护帮助。
基本部分	完成由矮人走、青蛙跳、滚雪球、斗鸡跳、跳石头等动作组成的循环练习	2	25	矮人走2米 → 青蛙跳3次 （体操凳）　　　（平衡垫） ↑　　　　　　　↓ 斗鸡跳右脚10次　滚雪球10次 （海绵垫）　　　（瑞士球） ↑　　　　　　　↓ 跳石头　←　斗鸡跳左脚10次 （平衡垫）　　　（海绵垫） **教学要求：** 1. 每次课前10分钟到场地做好课前场地布置。 2. 准备活动时，要儿童围绕地面的圆形线跑动，注意前后左右的间隔距离。 3. 教师和辅助人员要注意在具有一定难度的练习点起到保护帮助作用
结束部分（放松练习）	1. 跟随音乐做常规放松操。 2. 教师课后总结，指出儿童做得好的动作	1	2	

课程名称：儿童平衡类动作技能发展　时间：2017 年 12 月 8 日

年龄	5~6 岁	课次	12	人数	28
地点	幼儿园活动教室	需要器材	海绵垫、平衡垫、体操凳、平衡木、秒表		
教学内容	支撑面面积变化的平衡类动作练习				
课程目标	促进儿童身体的协调性能力，提高儿童上下肢协调配合能力，促进儿童平衡能力的发展				

课的部分	课的内容	练习负荷 次数（次）	练习负荷 时间（分钟）	组织教法与教学要求
开始部分	在幼儿园带班教师的辅助下，将儿童按平时编组分为红、黄、蓝三组，每组站成一排。教师向儿童介绍本节课的主要练习内容。在欢快的音乐伴奏下，进行活泼的热身操练习	1	3	◇◇◇◇◇◇◇◇◇ ◇◇◇◇◇◇◇◇◇ ◇◇◇◇◇◇◇◇◇ △
基本部分	1. 垫上芭蕾：平衡垫上单、双脚提踵练习。 2. 海上冲浪：学生两脚屈膝分开站在两个平衡垫上，站稳后分腿跳下平衡垫，平衡垫放置在两排海绵垫中间。 3. 穿越独木桥：平衡木上正向、侧向行走	20	25	组织教法： 1. 教师示范并简单讲解，组织儿童进行模仿练习。 2. 对练习中儿童完成动作的普遍性及特殊性错误进行指正，并提出解决办法。 3. 儿童两人为一个小组，一人完成动作，另一人起到辅助支撑的作用。 教学要求： 1. 每次课前 10 分钟到场地做好课前场地布置。 2. 播放欢快的音乐，使儿童在轻松愉悦的氛围下完成练习 3. 教师与辅助人员在儿童练习过程中，对其不规范动作进行个别指导
结束部分（放松练习）	1. 跟随音乐做常规放松操。 2. 教师课后总结，指出儿童做得好的动作	1	2	

附 录

课程名称：儿童平衡类动作技能发展　　时间：2017 年 12 月 12 日

年龄	5～6 岁	课次	13	人数	28
地点	幼儿园活动教室	需要器材	海绵垫、平衡垫、体操凳、平衡木、秒表		
教学内容	支撑面面积变化的平衡类动作练习				
课程目标	促进儿童身体的协调性能力，提高儿童上下肢协调配合能力，促进儿童平衡能力的发展				

课的部分	课的内容	练习负荷 次数（次）	时间（分钟）	组织教法与教学要求
开始部分	在幼儿园带班教师的辅助下，将儿童按平时编组分为红、黄、蓝三组，每组站成一排。教师首先向儿童传达本节课的主要练习内容。在欢快音乐的伴奏下，进行活泼的热身操练习	1	3	◇◇◇◇◇◇◇◇◇◇ ◇◇◇◇◇◇◇◇◇◇ ◇◇◇◇◇◇◇◇◇◇ △ **组织教法：** 1. 教师示范并简单讲解，组织儿童进行模仿练习。 2. 对练习中儿童完成动作的普遍性及特殊性错误进行指正，并提出解决办法。 3. 儿童两人为一个小组，一人完成动作，另一人起到辅助支撑的作用。 **教学要求：** 1. 每次课前 10 分钟到场地做好课前场地布置。 2. 对燕子飞翔练习内容，要给予保护帮助，防止儿童因手臂力量过小或者蹬地过猛，无法控制身体。 3. 播放欢快的音乐，使儿童在轻松愉悦的氛围下完成练习 4. 教师与辅助人员在儿童练习过程中，对其不规范动作进行个别指导
基本部分	1. 垫上脚踏车：儿童身体平躺在体操垫上，两手抱头，脚离地模仿骑自行车时蹬车的动作。 2. 燕子飞翔：双手伸直支撑在体操垫上，双脚屈膝利用踝关节蹬地力量使双脚腾空。 3. 天鹅走：沿地面标志线提踵走，通过改变手臂动作调整完成难度	15×2 20×2 3	25	
结束部分（放松练习）	1. 跟随音乐做常规放松操。 2. 教师课后总结，指出儿童做得好的动作	1	2	

课程名称：儿童平衡类动作技能发展　时间：2017 年 12 月 13 日

年龄	5~6 岁	课次	14	人数	28
地点	幼儿园活动教室	需要器材	海绵垫、平衡垫、体操凳、平衡木、秒表		
教学内容	综合平衡动作循环练习				
课程目标	促进儿童身体的协调性能力，提高儿童上下肢协调配合能力，促进儿童平衡能力的发展				

课的部分	课的内容	练习负荷 次数（次）	练习负荷 时间（分钟）	组织教法与教学要求
开始部分	在幼儿园带班教师的辅助下，将儿童按平时编组分为红、黄、蓝三个组。教师讲解本节课练习的主要内容，并带领儿童进行热身练习，加强对身体多个关节部位的热身练习	1	5	◇◇◇◇◇◇◇◇ ◇◇◇◇◇◇◇◇ ◇◇◇◇◇◇◇◇ △ **组织教法：** 1. 教师进行一次完整动作的示范，组织儿童进行模仿练习。 2. 对普遍性及特殊性的错误进行指正，并提出解决办法。
基本部分	1. 垫上芭蕾（平衡垫）。 2. 海上冲浪（平衡垫）。 3. 穿越独木桥（体操凳）。 4. 垫上脚踏车（体操垫）。 5. 燕子飞翔 10 次（海绵垫）。 6. 天鹅走（体操垫）	3	23	垫上芭蕾20次 → 海上冲浪10次 ↑　　　　　　　↓ 天鹅走　　　穿越独木桥 ↑　　　　　　　↓ 燕子飞翔10次 ← 垫上脚踏车20次 **教学要求：** 1. 每次课前 10 分钟到场地做好课前场地布置。 2. 播放欢快的音乐，使儿童在轻松愉悦的氛围下完成练习。 3. 练习过程中，要注意提高儿童完成动作规格。 4. 教师与辅助人员在儿童练习过程中，对其不规范动作进行个别指导
结束部分（放松练习）	1. 跟随音乐做常规放松操。 2. 教师课后总结，指出儿童做得好的动作	1	2	

186

附　录

课程名称：儿童平衡类动作技能发展　时间：2017年12月14日

年龄	5～6岁	课次	15	人数	28
地点	幼儿园活动教室	需要器材	\multicolumn{3}{l	}{体操垫、平衡垫、体操凳、瑞士球、音响、秒表}
教学内容	\multicolumn{5}{l	}{借助支撑面不稳定性的身体平衡练习}
课程目标	\multicolumn{5}{l	}{发展幼儿身体动作的协调性，增强幼儿的体质。 通过多种练习方式，促进儿童平衡能力的发展}

课的部分	课的内容	练习负荷 次数(次)	练习负荷 时间(分钟)	组织教法与教学要求
开始部分	在幼儿园带班教师的辅助下，将儿童按平时编组分为红、黄、蓝三个组。 教师讲解本次课的主要练习内容，并带领儿童进行练习。 对身体多个关节部位进行热身练习，如头颈部、肩部、腰部、膝关节、踝关节等部位	1	3	◇◇◇◇◇◇◇◇◇ ◇◇◇◇◇◇◇◇ ◇◇◇◇◇◇◇◇◇ △ **组织教法：** 1. 教师示范并简单讲解，组织儿童进行模仿练习。 2. 将儿童分为红、黄、蓝三组进行练习，每项动作练习6分钟，然后进行交换练习。儿童在进行练习时，教师与辅助人员对其不规范动作进行个别指导。 3. 三组分组轮换要求辅助人员和教师注意保护和纠正动作。
基本部分	坐在体操凳或者平衡垫上，利用支撑面的不稳定性练习平衡能力。 1. 平衡垫双脚蹲练习。 2. 体操凳坐姿练习。 3. 瑞士球俯卧练习。 通过改变两手臂姿势调整练习的难度	2	25	① ③ ② **教学要求：** 1. 每次课前10分钟到场地做好课前场地布置。 2. 播放欢快的音乐，使儿童在轻松愉悦的氛围下完成练习。 3. 在运用辅助器械之前，要注意让儿童做好身体各部位热身练习。 4. 对普遍性及特殊性的错误进行指正，并提出解决办法
结束部分(放松练习)	1. 跟随音乐做常规放松操。 2. 教师课后总结，指出儿童做得好的动作	1	2	

课程名称：儿童平衡类动作技能发展   时间：2017 年 12 月 15 日

年龄	5~6 岁	课次	16	人数	28
地点	幼儿园活动教室	需要器材	海绵垫、平衡垫、体操凳、平衡木、秒表		
教学内容	综合类器械体操循环练习				
课程目标	通过综合类辅助器械体操循环练习法，锻炼学生下肢基本力量、身体姿态、协调性、身体控制能力和视觉缺失下的平衡能力				

课的部分	课的内容	练习负荷		组织教法与教学要求
		次数（次）	时间（分钟）	
开始部分	在幼儿园带班教师的辅助下，将儿童按平时编组分为红、黄、蓝三个组。 教师讲解本次课练习的主要内容，并带领儿童进行练习。 对身体多个关节部位进行热身练习，如头颈部、肩部、腰部、膝关节、踝关节等部位	1	3	**组织教法：** 1. 教师进行一次完整动作的示范，组织儿童进行模仿练习。 2. 组织儿童坐在循环训练场地外侧的体操垫上，三组每次出一名儿童进行练习，交替轮换完成，每人完成两组动作。 3. 三组分组轮换要求辅助人员和教师注意保护和纠正动作。
基本部分	八个动作组成的循环练习： 1. 小斜拉桥支撑（体操垫）； 2. 企鹅走（体操凳）； 3. 燕子飞翔（体操凳）； 4. 蝎子爬（体操垫）； 5. 海上冲浪（体操垫）； 6. 斗鸡跳（体操垫）； 7. 婴儿爬（体操垫）； 8. 金鸡独立（平衡垫）	2	25	**教学要求：** 1. 每次课前 10 分钟到场地做好课前场地布置。
结束部分（放松练习）	1. 跟随音乐做常规放松操。 2. 教师课后总结，指出儿童做得好的动作	1	2	2. 在运用辅助器械之前，要注意让儿童做好身体各部位热身练习。 3. 儿童在熟练完成动作的基础上，教师提高动作完成的规格要求

附 录

课程名称：儿童平衡类动作技能发展　时间：2017年12月19日

年龄	5~6岁	课次	17	人数	28
地点	幼儿园活动教室	需要器材	海绵垫、平衡垫、体操凳、平衡木、秒表		
教学内容	综合类器械体操循环练习				
课程目标	通过综合类辅助器械体操循环练习法，锻炼学生下肢基本力量、身体姿态、协调性、身体控制能力和视觉缺失下的平衡能力				

课的部分	课的内容	练习负荷 次数（次）	练习负荷 时间（分钟）	组织教法与教学要求
开始部分	在幼儿园带班教师的辅助下，将儿童按平时编组分为红、黄、蓝三个组。教师讲解本次课练习的主要内容，并带领儿童进行练习。对身体多个关节部位进行热身练习，如头颈部、肩部、腰部、膝关节、踝关节等部位	1	3	◇◇◇◇◇◇◇◇◇◇ ◇◇◇◇◇◇◇◇◇◇ ◇◇◇◇◇◇◇◇◇◇ △ **组织教法：** 1. 教师进行一次完整动作的示范，组织儿童进行模仿练习。 2. 组织儿童坐在循环训练场地外侧的体操垫上，三个组每次出来一名儿童进行练习，交替轮换完成，每人完成两组动作。 3. 三组分组轮换要求辅助人员和教师注意保护和纠正动作。
基本部分	八个动作组成的循环练习： 1. 小斜拉桥支撑（体操垫）； 2. 企鹅走（体操凳）； 3. 燕子飞翔（体操凳）； 4. 蝎子爬（体操垫）； 5. 海上冲浪（体操垫）； 6. 斗鸡跳（体操垫）； 7. 婴儿爬（体操垫）； 8. 金鸡独立（平衡垫）	2	25	小斜拉桥左右支撑各10秒→企鹅走4米 金鸡独立　　　燕子飞翔10次 婴儿爬　　　　蝇子爬4米 斗鸡跳4米　←　海上冲浪10次 **教学要求：** 1. 每次课前10分钟到场地做好课前场地布置。 2. 在运用辅助器械之前，要注意让儿童做好身体各部位热身练习。 3. 儿童在熟练完成动作的基础上，教师提高动作完成的规格要求
结束部分（放松练习）	1. 跟随音乐做常规放松操。 2. 教师课后总结，指出儿童做得好的动作	1	2	

课程名称：儿童平衡类动作技能发展　时间：2017年12月20日

年龄	5~6岁	课次	18	人数	28
地点	幼儿园活动教室	需要器材	体操凳、平衡垫、瑞士球、海绵垫、秒表		
教学内容	综合辅助器械平衡能力循环练习				
课程目标	锻炼儿童踝和腿部的下肢基本力量、身体姿态、身体控制能力，提高其平衡能力				

课的部分	课的内容	练习负荷		组织教法与教学要求
^^	^^	次数（次）	时间（分钟）	^^
开始部分	教师向儿童介绍本节课的主要练习内容。在欢快音乐的伴奏下，将儿童分为人数均等的两组，以教师为圆心围成两个圆形，保持一定的间距，两个圆的儿童向不同的方向进行跑步练习	1	3	准备活动练习队形 **组织教法：** 1. 教师完整完成一遍，进行示范和简单讲解，组织儿童完成模仿练习。 2. 对具有一定难度的动作，教师给予语言的提示，鼓励其完成动作。 3. 将儿童分成两组，一组完成动作，另一组在教师的指导下给予保护帮助。
基本部分	1. 天鹅走（体操垫和平衡木）； 2. 燕式平衡左右腿（体操垫）； 3. 笨熊走（体操凳和体操垫）； 4. 垫上脚踏车（体操垫）； 5. 大鹏展翅（体操凳）	2	25	天鹅走4米 → 右腿燕式平衡10秒 ↑　　　　　　　　　↓ 大鹏展翅10次　　　笨熊走4米 ↑　　　　　　　　　↓ 笨熊走　　　　左腿燕式平衡10秒 ↑　　　　　　　　　↓ 垫上脚踏车30次 ← 天鹅走 **教学要求：** 1. 每次课前10分钟到场地做好课前场地布置。
结束部分（放松练习）	1. 跟随音乐做常规放松操。 2. 教师课后总结，指出儿童做得好的动作	1	2	2. 准备活动时，要求儿童沿地面的圆形线跑动，注意前后左右的间隔距离。 3. 教师和辅助人员要注意在具有一定难度的练习点起到保护帮助作用

附 录

课程名称：儿童平衡类动作技能发展　时间：2017年12月21日

年龄	5～6岁	课次	19	人数	28
地点	幼儿园活动教室	需要器材	体操凳、平衡垫、瑞士球、海绵垫、秒表		
教学内容	综合辅助器械平衡能力循环练习				
课程目标	锻炼儿童踝和腿部的下肢基本力量、身体姿态、身体控制能力，提高其平衡能力				

课的部分	课的内容	练习负荷		组织教法与教学要求
^	^	次数（次）	时间（分钟）	^
开始部分	教师向儿童介绍本节课的主要练习内容。在欢快的音乐伴奏下，将儿童分为人数均等的两组，以教师为圆心围成两个圆形，保持一定的间距，两个圆的儿童向不同的方向进行跑步练习	1	3	准备活动练习队形 **组织教法：** 1. 经过上一次课的练习，儿童要提高完成的质量和速度。 2. 每一组儿童站成一队，前一名同学完成后，后一名接力跟上，全部成员完成后，记录完成时间，完成动作用时最少的组获得胜利。
基本部分	复习2组循环练习： 1. 天鹅走（体操垫和平衡木）； 2. 燕式平衡左右腿（体操垫）； 3. 笨熊走（体操凳和体操垫）； 4. 垫上脚踏车（体操垫）； 5. 大鹏展翅（体操凳）； 以小组为单位，进行动作接力比赛	3	25	天鹅走4米 → 右腿燕式平衡10秒 大鹏展翅10次　　笨熊走4米 笨熊走　　　　　左腿燕式平衡10秒 垫上脚踏车30次 ← 天鹅走 **教学要求：** 1. 每次课前10分钟到场地做好课前场地布置。 2. 准备活动时，要求儿童沿地面的圆形线跑动，注意前后左右的间隔距离。 3. 教师和辅助人员要注意在具有一定难度的练习点起到保护帮助作用
结束部分（放松练习）	1. 跟随音乐做常规放松操。 2. 教师课后总结，指出儿童做得好的动作	1	2	^

191

课程名称：儿童平衡类动作技能发展　　时间：2017 年 12 月 22 日

年龄	5~6 岁	课次	20	人数	28
地点	幼儿园活动教室	需要器材	泡沫垫、海绵垫、体操凳、音响、秒表		
教学内容	平衡能力综合设计练习				
课程目标	提高儿童身体的协调性能力，提高儿童上下肢协调配合能力，促进儿童平衡能力的发展				

课的部分	课的内容	练习负荷 次数（次）	时间（分钟）	组织教法与教学要求
开始部分	在幼儿园带班教师的辅助下，将儿童按平时编组分为红、黄、蓝三组，每组站成一排。教师首先向儿童传达本节课的主要练习内容。在欢快音乐的伴奏下，进行活泼的热身操练习	1	3	◇◇◇◇◇◇◇◇ ◇◇◇◇◇◇◇ ◇◇◇◇◇◇◇◇ △ **组织教法：** 1. 教师进行一次完整动作的示范，组织儿童进行模仿练习。 2. 组织儿童坐在循环训练场地外侧的体操垫上，每次出来 1 名儿童进行练习，交替轮换完成，每人完成动作 2 次。
基本部分	1. 小斜拉桥支撑（体操垫）； 2. 企鹅走（体操垫）； 3. 燕式平衡（体操垫）； 4. 蝎子爬（体操垫）； 5. 海上冲浪（平衡垫）； 6. 单脚支撑侧平衡（体操垫）； 7. 侧向走（平衡木）； 8. 金鸡独立（体操垫）	2	25	小斜拉桥左右支撑各10秒　企鹅走4米 ↑　　　　　　　　↓ 金鸡独立　　　　　燕式平衡 ↑　　　　　　　　↓ 侧向走　　　　　　蝎子爬4米 ↑　　　　　　　　↓ 单脚支撑侧平衡 ← 海上冲浪10次 **教学要求：** 1. 每次课前 10 分钟到场地做好课前场地布置。 2. 在运用辅助器械之前，要注意让儿童做好身体各部位热身练习。
结束部分（放松练习）	1. 跟随音乐做常规放松操。 2. 教师课后总结，指出儿童做得好的动作	1	2	3. 在儿童熟练完成动作的基础上，提高动作完成的规格要求。 4. 要求辅助人员和教师注意保护和纠正动作

附 录

课程名称：儿童平衡类动作技能发展　时间：2017年12月26日

年龄	5~6岁	课次	21	人数	28
地点	幼儿园活动教室	需要器材	泡沫垫、海绵垫、体操凳、音响、秒表		
教学内容	平衡能力综合设计练习				
课程目标	提高儿童身体的协调性能力，提高儿童上下肢协调配合能力，促进儿童平衡能力的发展				

课的部分	课的内容	练习负荷		组织教法与教学要求
^^	^^	次数（次）	时间（分钟）	^^
开始部分	在幼儿园带班教师的辅助下，将儿童按平时编组分为红、黄、蓝三组，每组站成一排。 教师首先向儿童传达本节课的主要练习内容。 在欢快的音乐伴奏下，进行活泼的热身操练习	1	3	◇◇◇◇◇◇◇◇◇◇ ◇◇◇◇◇◇◇◇◇ ◇◇◇◇◇◇◇◇◇ △ **组织教法：** 1. 教师进行一次完整动作的示范，组织儿童进行模仿练习。 2. 组织儿童坐在循环训练场地外侧的体操垫上，每次出来1名儿童进行练习，交替轮换完成，每人完成动作1次。 3. 以组为单位，计时进行比赛。
基本部分	复习以下循环练习一组，进行教学比赛一组。 1. 小斜拉桥支撑（体操垫）； 2. 企鹅走（体操垫）； 3. 燕式平衡（体操垫）； 4. 蝎子爬（体操垫）； 5. 海上冲浪（平衡垫）； 6. 单脚支撑侧平衡（体操垫）； 7. 侧向走（平衡木）； 8. 金鸡独立（体操垫）	2	25	小斜拉桥左右支撑各10秒 → 企鹅走4米 ↑　　　　　　　　　↓ 金鸡独立　　　　　　燕式平衡 ↑　　　　　　　　　↓ 侧向走　　　　　　　蝎子爬4米 ↑　　　　　　　　　↓ 单脚支撑侧平衡 ← 海上冲浪10次 **教学要求：** 1. 每次课前10分钟到场地做好课前场地布置。 2. 在运用辅助器械之前，要注意让儿童做好身体各部位热身练习。 3. 在儿童熟练完成动作的基础上，教师提高动作完成的规格要求。 4. 要求辅助人员和教师注意保护和纠正动作
结束部分（放松练习）	1. 跟随音乐做常规放松操。 2. 教师课后总结，指出儿童做得好的动作	1	2	^^

课程名称：儿童平衡类动作技能发展　　时间：2017年12月27日

年龄	5~6岁	课次	22	人数	28
地点	幼儿园活动教室	需要器材	泡沫垫、海绵垫、体操凳、音响、秒表		
教学内容	平衡能力综合设计练习				
课程目标	提高儿童身体的协调性能力，提高儿童上下肢协调配合能力，促进儿童平衡能力的发展				

课的部分	课的内容	练习负荷 次数（次）	练习负荷 时间（分钟）	组织教法与教学要求
开始部分	在幼儿园带班教师的辅助下，将儿童按平时编组分为红、黄、蓝三组，每组站成一排。教师向儿童介绍本节课的主要练习内容。在欢快的音乐伴奏下，进行活泼的热身操练习	1	3	**组织教法：** 1. 教师进行一次完整动作的示范，组织儿童进行模仿练习。 2. 组织儿童坐在循环训练场地的外侧的体操垫上，每次出来1名儿童进行练习，交替轮换完成，每人完成动作1次。 3. 以组为单位，计时进行比赛。
基本部分	复习循环练习一组，进行教学比赛一组。 1. 小斜拉桥支撑（体操垫）； 2. 企鹅走（体操垫）； 3. 燕式平衡（体操垫）； 4. 蝎子爬（体操垫）； 5. 海上冲浪（平衡垫）； 6. 单脚支撑侧平衡（体操垫）； 7. 侧向走（平衡木）； 8. 金鸡独立（体操垫）	2	25	**教学要求：** 1. 每次课提前10分钟到场地做好课前场地布置。 2. 在运用辅助器械之前，要注意让儿童做好身体各部位热身练习。 3. 在儿童熟练完成动作的基础上，教师提高动作完成的规格要求。 4. 要求辅助人员和教师注意保护和纠正动作
结束部分（放松练习）	1. 跟随音乐做常规放松操。 2. 教师课后总结，指出儿童做得好的动作	1	2	

滚翻类动作教案

课程名称：儿童滚翻类动作技能发展　时间：2017 年 11 月 22 日

年龄	5～6 岁	课次	3	人数	26
地点	幼儿园活动教室	需要器材	多媒体影像设备、硬质泡沫垫、障碍物		
教学内容	学习圆木滚练习				
课程目标	练习基本的滚动能力，提高儿童参与课程的积极性				

课的部分	课的内容	练习负荷 次数（次）	时间（分钟）	组织教法与教学要求
开始部分	在幼儿园带班教师的辅助下，将儿童分为两组站在教室的两侧，教师站在中间。教师向儿童介绍本节课的练习内容，通过多媒体设备展示圆木滚动的视频，用铅笔在纸上进行滚动演示。在欢快的音乐伴奏下，进行活泼的热身操练习。对身体多个关节部位进行热身练习，如头颈部、肩部、腰部、膝关节、踝关节等部位	1	5	组织教法： 1. 教师示范并简单讲解，组织儿童模仿练习。 2. 两排分别站在活动教师的一侧，两组保持足够的间距，向教室另一侧完成两手臂上举平躺滚练习。前一名儿童做到场地一半时，后一名儿童开始做动作。 3. 每名儿童完成一次后，教师对出现的问题进行纠正。
基本部分	单人圆木滚动（两手臂上举）	2	20	教学要求： 1. 课前 30 分钟到场地做好场地布置，并对辅助人员进行保护与帮助儿童方面的培训。 2. 每名儿童做动作时都要求教师或一名辅助人员进行保护与帮助。 3. 讲解时尽可能用生动的语言，激发和调动儿童参与练习的积极性
结束部分（放松练习）	1. 跟随音乐做常规放松操。 2. 教师课后总结，对完成动作好的儿童进行口头表扬	1	5	

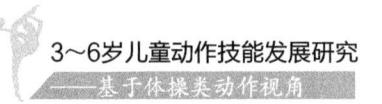

课程名称：儿童翻滚类动作技能发展　　时间：2017 年 11 月 23 日

年龄	5~6 岁	课次	4	人数	26
地点	幼儿园活动教室	需要器材	多媒体影像设备、硬质泡沫垫、秒表		
教学内容	学习独臂滚练习，复习圆木滚动练习并进行两人一组练习				
课程目标	发展儿童平躺翻滚能力，培养儿童团结协作的能力				

课的部分	课的内容	练习负荷		组织教法与教学要求
^^	^^	次数（次）	时间（分钟）	^^
开始部分	在幼儿园带班教师的辅助下，将儿童平均分成两组。 教师向儿童介绍本节课的主要练习内容。 在欢快的音乐伴奏下，进行活泼的热身操练习，对头颈部、肩部、腰部、膝关节、踝关节、腕关节等部位进行充分的活动	1	5	**组织教法：** 1. 两排分别站在活动教师的一侧，两组保持足够的间距，向教室另一侧完成两手臂上举平躺滚练习。前一名儿童做到场地一半时，后一名儿童开始做动作。 2. 改变手臂姿势完成一次圆木滚动练习。 3. 两名辅助人员示范完成一次手拉手圆木滚动练习。 4. 两组儿童一一对应，完成两人圆木滚动练习。
基本部分	1. 单人圆木滚动： （1）两手臂上举； （2）两手臂一上一下。 2. 双人圆木滚动	1	22	**教学要求：** 1. 课前 30 分钟到教室布置场地，对辅助人员进行保护与帮助儿童方面的培训。 2. 讲解时尽可能用生动的语言，激发和调动儿童参与练习的积极性。
结束部分（放松练习）	1. 跟随音乐做常规放松操。 2. 教师课后总结，表扬动作完成优秀的儿童	1	3	3. 在完成单人动作时尽可能均匀发力，滚成直线。 4. 两人合作完成动作时，要求两名儿童同时发力，团结协作

课程名称：儿童滚翻类动作技能发展　时间：2017 年 11 月 27 日

年龄	5~6 岁	课次	5	人数	26
地点	幼儿园活动教室	需要器材	硬质泡沫垫、海绵垫、音响、秒表		
教学内容	学习躯干扭转的练习，进行圆木滚动的比赛练习				
课程目标	发展儿童躯干转动的能力，培养儿童团结协作的能力和竞争意识				

课的部分	课的内容	练习负荷 次数（次）	时间（分钟）	组织教法与教学要求
开始部分	在幼儿园带班教师的辅助下，将儿童平均分成两组。 教师首先向儿童传达本节课的主要练习内容。 在欢快音乐的伴奏下，进行活泼的热身操练习，对头颈部、肩部、腰部、膝关节、踝关节、腕关节等部位进行充分的活动	1	5	◇◇◇◇◇◇◇◇◇ ◇◇◇◇◇◇◇◇◇ △ **组织教法：** 1. 教师对躯干转体进行示范，并提出练习的要求。 2. 儿童分别站在活动教室的两侧，全脚掌着地，两臂侧平举，进行躯干转体练习。 3. 两组儿童分别站在教室的一侧，向另一侧的标志物滚动，第一名儿童到达终点，第二名儿童开始进行滚动，先完成的一组获得胜利。
基本部分	1. 躯干扭转练习； 2. 单人圆木滚动比赛练习	20×3 1	24	◇◇◇◇◇◇◇◇◇ →　☒ ◇◇◇◇◇◇◇◇◇ →　☒ **教学要求：** 1. 课前 30 分钟到教室布置场地，对辅助人员进行保护与帮助儿童方面的培训。 2. 讲解时尽可能用生动的语言，激发和调动儿童参与练习的积极性。 3. 教师与辅助人员在儿童练习过程中，对其不规范动作或者错误动作进行个别指导，采用辅助各肢体部位完成动作的方法，让儿童体验正确的动作做法。 4. 在进行圆木滚动比赛时，要求儿童尽量直线完成，培养儿童一定的团队意识
结束部分（放松练习）	1. 跟随音乐做常规放松操。 2. 教师课后点评，对动作完成优秀的儿童进行表扬	1	3	

课程名称：儿童滚翻类动作技能发展　　时间：2017 年 11 月 28 日

年龄	5~6 岁	课次	6	人数	26
地点	幼儿园活动教室	需要器材	泡沫垫、体操球 14 个、音响、秒表		
教学内容	学习转身传递球并进行教学比赛				
课程目标	发展儿童躯干转动的能力，培养儿童团结协作的能力和竞争意识				

课的部分	课的内容	练习负荷 次数（次）	时间（分钟）	组织教法与教学要求
开始部分	在幼儿园带班教师的辅助下，将儿童平均分成两组。 教师向儿童介绍本节课的主要练习内容。 在欢快的音乐伴奏下，进行活泼的热身操练习，对头颈部、肩部、腰部、膝关节、踝关节、腕关节等部位进行充分的活动	1	5	◇◇◇◇◇◇◇◇◇ ◇◇◇◇◇◇◇◇◇ △ **组织教法：** 1. 两名辅助人员前后间距一臂距离，示范脚不动，做双手向后传递球练习。 2. 前后排两组儿童，前排儿童每人拿一个球，前后左右各保持一臂的距离，练习转体传递球，传递一次后，两排儿童同时转身，再进行传递球，多次反复进行练习。 3. 两组儿童成纵队排列，左右保持 2 米距离，前后一臂间隔，进行转体传递球的接力比赛。教师喊开始，儿童开始传球，先完成的组为获胜组。
基本部分	1. 转身传递球练习； 2. 转身传递球接力比赛	20 20	20	◇◇◇◇◇◇◇◇◇→ △ ◇◇◇◇◇◇◇◇◇→ **教学要求：** 1. 课前 30 分钟到教室布置场地，对辅助人员进行保护与帮助儿童方面的培训。 2. 讲解时尽可能用生动的语言，激发和调动儿童参与练习的积极性。 3. 要求儿童在传递球时，两脚全脚掌不能离开地面
结束部分（放松练习）	1. 跟随音乐做常规放松操。 2. 教师课后点评，表扬动作完成优秀的儿童	1	5	

附 录

课程名称：儿童滚翻类动作技能发展　时间：2017年11月29日

年龄	5~6岁	课次	7	人数	26
地点	幼儿园活动教室	需要器材	泡沫垫、体操球、音响		
教学内容	学习仰卧侧滚传接球并进行教学比赛				
课程目标	发展儿童的翻滚能力，培养团队意识和协作能力				

课的部分	课的内容	练习负荷 次数(次)	时间(分钟)	组织教法与教学要求
开始部分	在幼儿园带班教师的辅助下，将儿童平均分成两组。 教师首先向儿童传达本节课的主要练习内容。 在欢快音乐的伴奏下，进行活泼的热身操练习，对头颈部、肩部、腰部、膝关节、踝关节、腕关节等部位进行充分的活动	1	5	◇◇◇◇◇◇◇◇◇◇ ◇◇◇◇◇◇◇◇◇◇ △ **组织教法：** 1. 教师仰卧平躺在泡沫垫上，双手持球上举，身体翻滚向左、右转动，球始终不离手。 2. 儿童左右一臂间隔仰卧在泡沫垫上，双手持体操球模仿老师的动作，练习两组。 3. 每排儿童为一组，第一名儿童将球上举，依次翻滚传球给下一名儿童，先完成的组获得胜利。
基本部分	1. 仰卧侧滚传递球练习； 2. 转身传递球接力比赛	20×2 2	20	→ ◇◇◇◇◇◇◇◇◇◇ △ ◇◇◇◇◇◇◇◇◇◇ → **教学要求：** 1. 课前30分钟到教室布置场地，对辅助人员进行保护与帮助的培训。 2. 讲解时尽可能用生动的语言，激发和调动儿童参与练习的积极性。 3. 要求儿童在传递球接力比赛时，球不能离开手
结束部分（放松练习）	1. 跟随音乐做常规放松操。 2. 教师课后点评，对动作完成优秀的儿童进行表扬	1	5	

课程名称：儿童滚翻类动作技能发展　时间：2017年11月30日

年龄	5~6岁	课次	8	人数	26
地点	幼儿园活动教室	需要器材	泡沫垫、音响		
教学内容	学习推箱转体跳动				
课程目标	发展儿童身体翻转的能力				

课的部分	课的内容	练习负荷 次数（次）	时间（分钟）	组织教法与教学要求
开始部分	教师向儿童介绍本节课的主要练习内容。在欢快的音乐伴奏下，进行活泼的热身操练习，特别对头颈部、肩部、腰部、膝关节、踝关节、腕关节等部位进行充分的活动	1	5	◇◇◇◇◇◇◇◇◇ ◇◇◇◇◇◇◇◇◇ △ 组织教法： 1. 教师面向窗户，手撑窗台，屈臂推撑，分别完成90°、180°、270°、360°转体跳跃落地，并进行简单的动作讲解。 2. 将儿童分成四组，每组有一名教师负责指导和保护帮助。 3. 儿童首先完成转体90°、180°的练习，熟练后，完成转体270°和360°的转体跳跃练习。
基本部分	手推窗台转体跳动： (1) 转体90°； (2) 转体180°； (3) 转体270°； (4) 转体360°	10 10 10 5	20	◇◇◇◇◇◇◇◇◇◇◇◇ ◇◇◇◇◇◇◇◇◇◇◇◇ △ 教学要求： 1. 课前30分钟到教室布置场地，对辅助人员进行保护与帮助儿童方面的培训。 2. 讲解时尽可能用生动的语言，激发和调动儿童参与练习的积极性。 3. 安排动作练习要注意由易到难的顺序。 4. 提醒儿童用上推手的力量，跳得越高越容易完成转体
结束部分（放松练习）	1. 跟随音乐做常规放松操。 2. 教师课后点评，对动作完成优秀的儿童进行表扬	1	5	

附 录

课程名称：儿童滚翻类动作技能发展　时间：2017 年 12 月 4 日

年龄	5～6 岁	课次	9	人数	26
地点	幼儿园活动教室	需要器材	泡沫垫、音响		
教学内容	学习支撑翻滚				
课程目标	发展儿童纵轴翻滚能力				

课的部分	课的内容	练习负荷 次数（次）	练习负荷 时间（分钟）	组织教法与教学要求
开始部分	在幼儿园带班教师的辅助下，将儿童分成人数均等的两组，并按前后排站好。教师首先向儿童传达本节课的主要练习内容。在欢快的音乐伴奏下，进行活泼的热身操练习，对头颈部、肩部、腰部、膝关节、踝关节、腕关节等部位进行充分的活动	1	5	◇◇◇◇◇◇◇◇◇◇ ◇◇◇◇◇◇◇◇◇ △ **组织教法：** 1. 教师示范支撑翻滚的正确动作，通过分步完成和简单讲解的方式，使儿童建立表象认识。 2. 儿童左右间隔一臂，前后保持 2 米的距离，坐在泡沫垫上，每名儿童在 4 位老师的协助下，模仿完成一次支撑翻滚的动作。 3. 在教师统一口令下，儿童分步骤完成动作。 4. 将儿童分成四排，在对动作有初步认识之后，进行完整的支撑翻滚练习。
基本部分	学习支撑滚翻动作	20	20	◇◇◇◇◇◇　　△ ◇◇◇◇◇◇　　△ ◇◇◇◇◇◇　　△ **教学要求：** 1. 课前 30 分钟到教室布置场地，对辅助人员进行保护与帮助儿童方面的培训。 2. 讲解时尽可能用生动的语言，激发和调动儿童参与练习的积极性。 3. 对儿童进行的动作，不强调动作的规格，仅强调完成顺序与步骤。 4. 教师与辅助人员在儿童练习过程中，对其不规范动作或者错误动作进行个别指导，采用辅助各肢体部位完成动作的方法，让儿童体验正确的动作做法
结束部分（放松练习）	1. 跟随音乐做常规放松操。 2. 教师课后点评，对动作完成优秀的儿童进行表扬	1	5	

课程名称：儿童滚翻类动作技能发展　时间：2017 年 12 月 5 日

年龄	5~6 岁	课次	10	人数	26
地点	幼儿园活动教室	需要器材	泡沫垫、音响、秒表		
教学内容	练习支撑滚翻				
课程目标	发展儿童纵轴翻滚能力				

课的部分	课的内容	练习负荷		组织教法与教学要求
^	^	次数（次）	时间（分钟）	^
开始部分	教师向儿童介绍本节课的主要练习内容。在欢快音乐的伴奏下，将儿童分为人数均等的两组，以教师为圆心围成两个圆形，保持一定的间距，两个圆的儿童向不同的方向进行跑步练习。对肩部、腰部、腕关节等部位进行充分的活动	1	5	准备活动练习队形 **组织教法：** 1. 将儿童分为的四组，每组由一名教师在儿童进行支撑滚翻时给予指导、保护与帮助。 2. 儿童站成两排，坐在泡沫垫上，教师进行人体山峰动作的示范。 3. 儿童成左右一臂间隔，前后 1 米间隔，完成人体山峰动作。 4. 通过改变手与脚之间的距离调整练习的难度。
基本部分	1. 练习人体支撑滚翻； 2. 学习人体山峰动作	8×3 3	20	**教学要求：** 1. 课前 30 分钟到教室布置场地，对辅助人员进行保护与帮助儿童方面的培训。 2. 准备活动时，要求儿童沿地面的圆形线跑动，注意前后左右的间隔距离。 3. 教师与辅助人员在儿童练习过程中，对其不规范动作或者错误动作进行个别指导，采用辅助各肢体部位完成动作的方法，让儿童体验正确的动作做法
结束部分（放松练习）	1. 跟随音乐做常规放松操。 2. 教师课后点评，表扬动作完成优秀的儿童	1	2	^

附 录

课程名称：儿童滚翻类动作技能发展　时间：2017 年 12 月 6 日

年龄	5～6 岁	课次	11	人数	26
地点	幼儿园活动教室	需要器材	泡沫垫、音响		
教学内容	学习仰卧翻臀				
课程目标	提高儿童腰腹部力量，促进儿童滚翻类动作发展				

课的部分	课的内容	练习负荷 次数（次）	练习负荷 时间（分钟）	组织教法与教学要求
开始部分	教师向儿童介绍本节课的主要练习内容。在欢快的音乐伴奏下，将儿童分为人数均等的两组，以教师为圆心围成两个圆形，保持一定的间距，两个圆的儿童向不同的方向进行跑步练习。对肩部、腰部、腕关节等部位进行充分的活动	1	10	准备活动练习队形 **组织教法：** 1. 教师在同心圆的圆心处指挥儿童进行顺时针或逆时针跑，在听到哨声后儿童变换跑动的方向。 2. 儿童分为两排，分别站在教室的两侧，教师在中间完成仰卧翻臀的练习。 3. 儿童模仿教师的动作进行练习，从难度低的屈腿开始，再收到垂直位置，最后完成翻臀动作。
基本部分	学习仰卧翻臀练习	5×4	15	**教学要求：** 1. 课前 30 分钟到教室布置场地，对辅助人员进行保护与帮助儿童方面的培训。 2. 准备活动时，要求儿童沿地面的圆形线跑动，注意前后左右的间隔距离。 3. 在儿童练习过程中，教师对其不规范动作或者错误动作进行个别指导，采用辅助各肢体部位完成动作的方法，让儿童体验正确动作的完成。 4. 遵循由易到难的原则，逐渐增加练习的难度
结束部分（放松练习）	1. 跟随音乐做常规放松操。 2. 教师课后点评，表扬动作完成优秀的儿童	1	5	

课程名称：儿童滚翻类动作技能发展　　时间：2017 年 12 月 7 日

年龄	5～6 岁	课次	12	人数	26
地点	幼儿园活动教室	需要器材	泡沫垫、体操球、音响、秒表		
教学内容	练习仰卧举腿翻臀传递球并进行教学比赛				
课程目标	增强儿童腰腹力量，培养儿童团队意识和集体协作能力				

课的部分	课的内容	练习负荷 次数（次）	时间（分钟）	组织教法与教学要求
开始部分	教师向儿童介绍本节课的主要练习内容。 在欢快的音乐伴奏下，进行活泼的热身操练习，对头颈部、肩部、腰部、膝关节、踝关节、腕关节等部位进行充分的活动	1	5	◇◇◇◇◇◇◇◇◇◇ ◇◇◇◇◇◇◇◇◇ △ **组织教法：** 1. 教师完成一次仰卧翻臀传递球，组织儿童进行模仿练习。 2. 儿童站成两排，保持一定间距，仰卧在泡沫垫上，每人一个体操球，完成单人翻臀传递球练习。 3. 将儿童分成人数均等的两排，前后两名儿童一组，前一名儿童仰卧翻臀传球，后一名儿童先用手接住球，再调整方向仰卧翻臀用脚传回。
基本部分	1. 练习单人仰卧翻臀传递球动作。 2. 两人一组进行仰卧翻臀传递球练习。 3. 仰卧翻臀传递球比赛	5×4 20 1	20	4. 将儿童分成两排，纵队坐在泡沫垫上，第一名儿童仰卧翻臀将球传递给第二名儿童，第二名儿童用手接住，将球放好再仰卧翻臀传球给第三名儿童，以此类推，先传递完的组为优胜组。 ◇◇◇◇◇◇◇◇◇　　△ ◇◇◇◇◇◇◇◇◇ **教学要求：** 1. 课前 30 分钟到教室布置场地，对辅助人员进行保护与帮助儿童方面的培训。
结束部分 （放松练习）	1. 跟随音乐做常规放松操。 2. 教师课后点评，表扬动作完成优秀的儿童	1	5	2. 对儿童完成的动作，不强调动作的规格，仅强调完成顺序与步骤。 3. 加强对儿童团队意识的培养

附 录

课程名称：儿童滚翻类类动作技能发展　时间：2017年12月11日

年龄	5～6岁	课次	13	人数	26
地点	幼儿园活动教室	需要器材	泡沫垫、音响、秒表		
教学内容	学习小兔拍脚练习				
课程目标	增强腰腹部力量，促进翻滚能力发展				

课的部分	课的内容	练习分量 次数（次）	练习分量 时间（分钟）	组织教法与教学要求
开始部分	教师向儿童介绍本节课的主要练习内容。在欢快的音乐伴奏下，将儿童分为人数均等的两组，以教师为圆心围成两个圆形，保持一定的间距，两个圆的儿童向不同的方向进行跑步练习。对肩部、腰部、腕关节等部位进行充分的活动	1	8	准备活动练习队形 **组织教法：** 1. 教师在同心圆的圆心处指挥儿童进行顺时针或逆时针跑，听到哨声后儿童变换跑动的方向。 2. 儿童分为两排，分别站在教室的两侧，教师在中间完成小兔拍脚的示范讲解。 3. 儿童模仿教师的动作进行练习，辅助人员在儿童前方给予保护。 4. 前后两排儿童，一排儿童做动作，另一排儿童进行保护。
基本部分	学习小兔拍脚练习： （1）支撑抬腿； （2）支撑抬腿拍脚一次； （3）支撑抬腿拍脚两次	5×2	18	**教学要求：** 1. 课前30分钟到教室布置场地，对辅助人员进行保护与帮助儿童方面的培训。 2. 准备活动时，要求儿童沿地面的圆形线跑动，注意前后左右的间隔距离。 3. 教师对儿童练习出现不规范动作或者错误动作进行个别指导，采用辅助各肢体部位完成动作的方法，让儿童体验正确的动作做法。 4. 儿童在完成小兔拍脚的练习时，首先完成支撑抬腿的练习，然后完成支撑抬腿拍脚一次的练习，数次后完成支撑抬腿拍脚两次的练习
结束部分（放松练习）	1. 跟随音乐做常规放松操，对手臂进行充分放松。 2. 教师课后点评，表扬动作完成优秀的儿童	1	4	

课程名称：儿童滚翻类类动作技能发展　时间：2017 年 12 月 12 日

年龄	5~6 岁	课次	14	人数	26
地点	幼儿园活动教室	需要器材	泡沫垫、音响、秒表		
教学内容	练习小兔拍脚练习、学习螃蟹单腿行进				
课程目标	增强儿童腰腹部力量，促进其翻滚能力发展				

课的部分	课的内容	练习负荷 次数（次）	练习负荷 时间（分钟）	组织教法与教学要求
开始部分	教师首先向儿童传达本节课的主要练习内容。在欢快的音乐伴奏下，将儿童分为人数均等的两组，以教师为圆心围成两个圆形，保持一定的间距，两个圆的儿童向不同的方向进行跑步练习。对肩部、腰部、腕关节等部位进行充分的活动	1	5	准备活动练习队形 **组织教法：** 1. 教师在同心圆的圆心处指挥儿童进行顺时针或逆时针跑，听到哨声后儿童变换跑动的方向。 2. 将儿童分成四组，每位教师带领一组进行小兔拍脚练习。 3. 儿童分为两排，分别站在教室的两侧，教师在中间完成螃蟹单腿行进动作的示范讲解。 4. 从教室的一侧向另一侧做螃蟹单腿行进动作。
基本部分	1. 练习小兔拍脚动作： （1）支撑抬腿； （2）支撑抬腿拍脚一次； （3）支撑抬腿拍脚两次。 2. 学习螃蟹单腿行进动作	15×2	18	**教学要求：** 1. 课前 30 分钟到教室布置场地，对辅助人员进行保护与帮助儿童方面的培训。 2. 准备活动时，要求儿童沿地面的圆形线跑动，注意前后左右的间隔距离。
结束部分（放松练习）	1. 跟随音乐做常规放松操，对手臂进行充分放松。 2. 教师课后点评，表扬动作完成优秀的儿童	1	4	3. 由于儿童上肢力量不足，其进行小兔拍脚动作时要进行重点保护帮助。 4. 对儿童完成的不规范或错误动作进行集中讲解，分散指导，帮助其体会正确的动作做法

课程名称：儿童滚翻类动作技能发展　时间：2017 年 12 月 13 日

年龄	5~6 岁	课次	15	人数	26
地点	幼儿园活动教室	需要器材	多媒体设备、泡沫垫、音响		
教学内容	学习前后滚翻的核心动作——小摇篮				
课程目标	发展儿童团身滚动的能力				

课的部分	课的内容	练习负荷 次数（次）	练习负荷 时间（分钟）	组织教法与教学要求
开始部分	教师讲解本次课的主要练习内容，并带领儿童进行热身操练习，练习用头部书写数字，充分活动头颈部。对身体其他关节部位进行热身练习，如腰背部、膝关节、踝关节等	1	5	◇◇◇◇◇◇◇◇◇ ◇◇◇◇◇◇◇◇ △ 组织教法： 1. 通过多媒体视频展示熊猫抱团滚动、优秀体操运动员完成相应动作等资料，实物展示体操球的滚动，引入思考问题。 2. 教师蹲在泡沫垫上，做低头含胸、抱膝团身，向后滚动的示范，向后滚动时保持团身的紧张姿势。 3. 辅助人员完成小摇篮的团身后滚，教师为儿童指出不同部位的用力情况与动作。 4. 将儿童分成四组，每名教师带领一组儿童完成小摇篮动作。
基本部分	学习小摇篮动作	20	20	① ③ ② ④ 教学要求： 1. 课前 30 分钟到教室布置场地，对辅助人员进行保护与帮助儿童方面的培训。 2. 教师帮助儿童将身体团紧，使儿童获得两次成功的动作体验。 3. 对儿童动作过程中出现的不规范或错误动作，进行个别指导和纠正
结束部分（放松练习）	1. 跟随音乐做常规放松操，对头颈部进行充分放松。 2. 教师课后点评，表扬动作完成优秀的儿童	1	5	

课程名称：儿童滚翻类动作技能发展　　时间：2017 年 12 月 14 日

年龄	5~6 岁	课次	16	人数	26
地点	幼儿园活动教室	需要器材	泡沫垫、音响等		
教学内容	练习小摇篮，学习抱头横滚				
课程目标	发展儿童团身滚动的能力				

课的部分	课的内容	练习负荷 次数（次）	练习负荷 时间（分钟）	组织教法与教学要求
开始部分	教师讲解本次课的主要练习内容，并带领儿童进行热身操练习，练习用头部写数字，充分活动头颈部。对身体其他关节部位进行热身练习，如腰背部、膝关节、踝关节等	1	5	组织教法： 1. 将儿童分成四组，每名教师带领一组儿童完成小摇篮动作。 2. 教师完成抱头横滚的示范动作，并进行简单的讲解。 3. 将儿童分成四组，四名教师分别带领一组进行抱头横滚练习。
基本部分	1. 练习小摇篮动作； 2. 学习抱头横滚	20	20	教学要求： 1. 课前 30 分钟到教室布置场地，对辅助人员进行保护与帮助儿童方面的培训。 2. 经过一次课的学习，要求儿童完成小摇篮动作要强调动作的规格。 3. 对儿童动作过程中出现的不规范或错误动作，进行个别指导和纠正。 4. 教师在儿童进行抱头横滚时给予保护与帮助，提示其团身抱紧的动作
结束部分（放松练习）	1. 跟随音乐做常规放松操，对头颈部进行充分放松。 2. 教师课后点评，表扬动作完成优秀的儿童	1	5	

附 录

课程名称：儿童滚翻类动作技能发展　时间：2017年12月18日

年龄	5~6岁	课次	17	人数	26
地点	幼儿园活动教室	需要器材	斜角体操垫、泡沫垫、家用单杠、音响等		
教学内容	练习前滚翻成坐姿、学习单杠翻上蹬杠动作				
课程目标	熟练掌握前滚翻动作的辅助练习动作，促进儿童翻滚能力发展				

课的部分	课的内容	练习负荷		组织教法与教学要求
^^	^^	次数（次）	时间（分钟）	^^
开始部分	教师讲解本次课的主要练习内容，并带领儿童进行热身操练习，练习用头部写数字，充分活动头颈部。对身体其他关节部位进行热身练习，如腰背部、膝关节、踝关节等	1	5	◇◇◇◇◇◇◇◇◇◇ ◇◇◇◇◇◇◇◇◇◇ △ **组织教法：** 1. 教师分别进行一次完整前滚翻成分腿坐和并腿坐的示范，组织儿童进行模仿练习。 2. 将儿童分成两组，沿纵队依次完成蹲撑前滚翻分腿坐和并腿坐练习。 3. 做单杠悬垂收腿练习。 4. 将两组儿童分开，一组练习前滚翻成坐姿，另一组练习单杠翻上蹬杠动作，每名儿童完成两次单杠练习或两次斜坡前滚翻动作后进行交换。
基本部分	1. 练习斜坡向下前滚翻成坐姿： （1）分腿坐； （2）并腿坐。 2. 学习单杠翻上蹬杠	4 4 4	20	⬚ 1　　2 ⬚ **教学要求：** 1. 课前30分钟到教室布置场地，对辅助人员进行保护与帮助儿童方面的培训。 2. 对儿童完成的动作出现的不规范或错误动作，进行个别指导纠正的动作。 3. 练习动作遵循由易到难的原则。 4. 对完成前滚翻动作时的儿童进行充分的保护与帮助。 5. 要求儿童完成动作必须在教师的保护与帮助下进行
结束部分（放松练习）	1. 跟随音乐做常规放松操，对头颈部进行充分放松。 2. 教师课后点评，表扬动作完成优秀的儿童	1	5	^^

209

课程名称：儿童滚翻类动作技能发展　　时间：2017年12月19日

年龄	5~6岁	课次	18	人数	26
地点	幼儿园活动教室	需要器材	斜角体操垫、泡沫垫、家用单杠、音响等		
教学内容	练习仰卧抱膝后滚翻成蹲撑、练习单杠翻上蹬杠动作				
课程目标	掌握后滚翻动作，促进儿童翻滚能力发展				

课的部分	课的内容	练习负荷 次数（次）	练习负荷 时间（分钟）	组织教法与教学要求
开始部分	教师讲解本次课的主要练习内容，并带领儿童进行热身操练习，练习用头部写数字，充分活动头颈部。 对身体其他关节部位进行热身练习，如腰背部、膝关节、踝关节等	1	5	◇◇◇◇◇◇◇◇◇◇ ◇◇◇◇◇◇◇◇◇◇ △ **组织教法：** 1. 教师进行一次完整仰卧抱膝后滚翻成蹲撑的示范，进行简单的讲解，组织儿童进行模仿练习。 2. 将儿童分成两组，一组儿童完成斜坡向下仰卧抱膝后滚翻成蹲撑，另一组完成单杠翻上蹬杠练习，每人完成三次后进行交换。 3. 儿童分成人数均等的两排，在教室一侧纵队站好，在教师辅助保护下，依次向前完成平地仰卧抱膝后滚翻成蹲撑。
基本部分	1. 练习斜坡向下仰卧抱膝后滚翻成蹲撑； 2. 练习单杠翻上蹬杠； 3. 练习仰卧抱膝后滚翻成蹲撑	5	20	① ② ◇◇◇◇◇◇◇◇◇◇→ ◇◇◇◇◇◇◇◇◇◇ **教学要求：** 1. 课前30分钟到教室布置场地，对辅助人员进行保护与帮助儿童方面的培训。 2. 对儿童动作过程中出现的不规范或错误动作，进行个别指导和纠正。 3. 对完成仰卧抱膝后滚翻成蹲撑的儿童进行充分的保护与帮助
结束部分（放松练习）	1. 跟随音乐做常规放松操，对头颈部进行充分放松。 2. 教师课后点评，表扬动作完成优秀的儿童	1	5	

附 录

课程名称：儿童滚翻类动作技能发展 时间：2017年12月20日

年龄	5~6岁	课次	19	人数	26
地点	幼儿园活动教室	需要器材	斜角体操垫、泡沫垫、音响等		
教学内容	练习后仰抱膝成蹲撑				
课程目标	掌握后滚翻动作，促进儿童翻滚能力的发展				

课的部分	课的内容	练习负荷 次数（次）	练习负荷 时间（分钟）	组织教法与教学要求
开始部分	教师讲解本次课的主要练习内容，并带领儿童进行热身操练习，练习用头书写数字，充分活动头颈部。对身体其他关节部位进行热身练习，如腰背部、膝关节、踝关节等	1	5	**组织教法：** 1. 教师进行一次完整后滚翻成蹲撑的示范，进行简单的讲解，组织儿童进行模仿练习。 2. 将儿童分成两组，进行斜坡向下后滚翻成蹲撑练习。 3. 儿童分成人数均等的两排，在教室一侧纵队站好，在教师辅助保护下，依次向前完成后仰滚翻成蹲撑。 **教学要求：** 1. 课前30分钟到教室布置场地，对辅助人员进行保护与帮助儿童方面的培训。 2. 对儿童动作过程中出现的不规范或错误动作，进行个别指导和纠正。 3. 对完成后仰抱膝成蹲撑的儿童进行充分的保护与帮助。 4. 要求儿童必须在教师的保护与帮助下完成动作
基本部分	1. 练习斜坡向下后滚翻成蹲撑； 2. 后仰抱膝成蹲撑	10	20	
结束部分（放松练习）	1. 跟随音乐做常规放松操，对头颈部进行充分放松。 2. 教师课后点评，表扬动作完成优秀的儿童	1	5	

课程名称：儿童滚翻类动作技能发展　　时间：2017 年 12 月 21 日

年龄	5～6 岁	课次	20	人数	26
地点	幼儿园活动教室	需要器材	海绵垫、音响等		
教学内容	学习单肩后滚翻成跪姿				
课程目标	发展儿童后滚翻能力				

课的部分	课的内容	练习负荷		组织教法与教学要求
^^	^^	次数（次）	时间（分钟）	^^
开始部分	教师向儿童介绍本节课的主要练习内容。在欢快的音乐伴奏下，将儿童分为人数均等的两组，以教师为圆心围成两个圆形，保持一定的间距，两个圆的儿童向不同的方向进行跑步练习。对儿童的头颈部、腰背部、髋关节、膝关节、腕关节等部位进行充分热身	1	10	准备活动练习队形 组织教法： 1. 教师进行单肩后滚翻成跪姿的完整示范，对头部的动作和手臂的位置进行重点讲解。 2. 对具有一定难度的动作，教师给予语言的提示，鼓励其完成动作。 3. 将儿童分成四组，四名教师每人一组带领儿童进行单肩后滚翻成跪姿的练习。
基本部分	学习单肩后滚翻成跪姿	10	15	教学要求： 1. 课前 30 分钟到教室布置场地，对辅助人员进行保护与帮助儿童方面的培训。 2. 要求儿童必须在教师的保护与帮助下完成动作。 3. 准备活动时，要求儿童沿地面的圆形线跑动，注意前后左右的间隔距离。 4. 教师帮助儿童体会单肩后滚成跪姿的完整动作。 5. 对完成单肩后滚翻成蹲撑的儿童进行充分的保护与帮助
结束部分（放松练习）	1. 跟随音乐做常规放松操，对头颈部进行充分放松。 2. 教师课后点评，对动作完成优秀的儿童进行表扬	1	2	^^

附 录

课程名称：儿童滚翻类动作技能发展　时间：2017年12月25日

年龄	5～6岁	课次	21	人数	26
地点	幼儿园活动教室	需要器材	海绵垫、家用单杠、音响等		
教学内容	练习单肩后滚翻成跪姿、后仰抱膝成蹲姿动作				
课程目标	发展儿童后滚翻能力				

课的部分	课的内容	练习负荷		组织教法与教学要求
		次数（次）	时间（分钟）	
开始部分	教师向儿童介绍本节课的主要练习内容。在欢快的音乐伴奏下，将儿童分为人数均等的两组，以教师为圆心围成两个圆形，保持一定的间距，两个圆的儿童向不同的方向进行跑步练习。对儿童的头颈部、腰背部、髋关节、膝关节、腕关节等部位进行充分热身	1	8	准备活动练习队形 **组织教法：** 1. 对儿童练习出现的不规范动作进行集中讲解。 2. 对具有一定难度的动作，教师给予语言上的提示，鼓励其完成动作。 3. 将儿童分成四组，四名教师每人一组，两组完成单肩后滚翻成跪姿的练习，两组完成后仰抱膝滚翻成蹲姿，练习10分钟后变换练习内容。
基本部分	1. 练习单肩后滚翻成跪姿； 2. 练习后仰抱膝滚翻成蹲姿	10 10	20	
结束部分（放松练习）	1. 跟随音乐做常规放松操，对头颈部进行充分放松。 2. 教师课后点评，表扬动作完成优秀的儿童	1	2	**教学要求：** 1. 课前30分钟到教室布置场地，对辅助人员进行保护与帮助儿童方面的培训。 2. 要求儿童必须在教师的保护与帮助下完成动作。 3. 准备活动时，要求儿童沿地面的圆形线跑动，注意前后左右的间隔距离。 4. 教师应对儿童给予充分的保护与帮助

课程名称：儿童滚翻类动作技能发展　　时间：2017年12月26日

年龄	5~6岁	课次	22	人数	26
地点	幼儿园活动教室	需要器材	海绵垫、音响等		
教学内容	练习单肩后滚翻成跪姿练习单杠翻上蹬杠				
课程目标	发展儿童翻滚动作能力				

课的部分	课的内容	练习负荷 次数(次)	练习负荷 时间(分钟)	组织教法与教学要求
开始部分	教师向儿童介绍本节课的主要练习内容。在欢快的音乐伴奏下，将儿童排成一队，教师在队首带领儿童进行开口螺旋和闭口螺旋的跑动练习。带领儿童进行热身操练习，对儿童的头颈部、腰背部、髋关节、膝关节、腕关节等部位进行充分热身	1	10	准备活动练习队形 组织教法： 1. 对儿童练习出现的不规范动作进行集中讲解分析。 2. 对具有一定难度的动作，教师给予语言上的提示，鼓励其完成动作。 3. 将儿童分成两组，两名教师带领一组儿童进行单肩后滚翻成跪姿练习，另外两名教师带领一组儿童进行单杠翻上蹬杠练习，9分钟后两组交换练习内容。
基本部分	1. 练习单肩后滚翻成跪姿； 2. 练习单杠翻上蹬杠动作	10 10	18	教学要求： 1. 课前30分钟到教室布置场地，对辅助人员进行保护与帮助儿童方面的培训。 2. 要求儿童必须在教师的保护与帮助下完成动作。 3. 准备活动时，要求儿童注意前后左右的间隔。 4. 儿童在完成动作时，教师要给予充分的保护与帮助
结束部分（放松练习）	1. 跟随音乐做常规放松操，对头颈部进行充分放松。 2. 教师课后点评，表扬动作完成优秀的儿童	1	2	

后 记

本书是在我博士论文基础上完善出版的，回首三年的博士生活及二十余载的求学生涯，经历了艰辛与痛苦，也收获了成功与喜悦，其间的酸甜苦辣，只有走过的人才能体会。一路走来，我在享受多彩人生和小小成果的同时，必须感谢那些教育我、栽培我、鼓励我、支持我、陪伴我的人。

最要感谢我的恩师王健教授，感谢恩师的知遇之恩。十五年前，恩师勉为其难将我收入门下，使我成为恩师门下的一名硕士生。硕士毕业工作三年后于 2009 年我开始着手考博，经历了多次失败，终于在 2015 年恩师再次将我招入门下。能师从恩师是我求学之路的最大幸事，在此向恩师表示深深的敬意和真挚的感激。恩师学识渊博，知识面广，思维活跃，思路清晰，与恩师交谈总能有意外的收获。三年的求学生涯，恩师亦师亦友，对我的生活、学习给予无微不至的关心与照顾，在三年的学习期间，恩师为我提供很多参加高水平学术会议的机会，拓宽了我的视野，提高了我的知识水平。本书从选题到开题，从指标的筛选到实验方案的设计，从预实验测试到观测指标的筛选再到教学方案的设计，从初稿完成到修改定稿，恩师不辞辛苦给予了全程、全面、全方位的指导与关注，本书凝结着恩师的思想与智慧。

本书的完成，承蒙诸多良师益友的教诲与帮助，感谢天津体育学院吉承恕教授、刘志云教授、孙延林教授、李军教授、徐冬青教授，感谢曲阜师范大学李思民教授、山西师范大学郑旗教授、山东师范大学崔云霞教授、中国海洋大学李世明教授、陕西学前师范学院宁科博士在本书选题、开题、撰写过程中给予的指导与帮助，感谢天津体育学院李英博士、曲鲁平博士在指标筛选、问卷设计以及统计方面给予的指导与帮助。感谢参与问卷调查的 23 位专家，你们的耐心与认真，为本书的顺利完成提供了保证，在此对你们的付出表示深深的感激。

感谢天津师范幼儿园刘健园长、天津市河北区红星其乐幼儿园秦乐园长、天津市西青区为明幼儿园刘肖敏主任、枣庄市实验幼儿园李芳园长、邵晓明主任、高岩主任在指标筛选、问卷设计、教学方案设计、教学实验、实验指标测试等方面给予的帮助。

感谢枣庄学院体育学院各位领导和同事，感谢你们对我的支持与帮助。感谢研究生院的各位老师和同学给予的支持与帮助。感谢本书中引用参考文献的作者。

感谢与我共同度过三年学习生活的同学李尚华、曹龙军、刘崇磊、赵亮，与你们进行的激烈讨论激发了我写作的灵感。感谢我的同门师弟杨元博、王涛，在确定指标过程中给予的帮助。感谢枣庄学院体育学院徐浩、苏尔建、王洪泽在我进行教学实验过程中给予的帮助。感谢我的同门师弟师妹在本书完成过程中给予的支持与帮助。

衷心感谢我的家人，感谢我的父母，不远千里从家乡来到我工作的地方帮我照顾家庭，他们的期盼是我迈向成功的动力；感谢我的妻子刘侠女士，多年来对我求学给予的理解与支持，特别是在我攻读博士的三年期间，承担起了照料孩子的责任，使我没有后顾之忧，能够踏实学习，儿子的茁壮成长是我努力完成学业的不竭动力。

最后，感谢为此书稿付出努力的所有同仁。